Krischnamurti: In Kommunion mit dem Leben

Krishnamurti

In Kommunion mit dem Leben

Samsara

© Copyright by Samsara Verlag GmbH
   8958 Füssen/Allgäu

Alle Rechte, auch die des auszugsweisen Nachdrucks,
der fotomechanischen Wiedergabe vorbehalten.
Druck: Druckerei Jantsch GmbH, Günzburg

Printed in Germany

ISBN 3-89256-060-9

Inhalt

Inhaltsverzeichnis der Fragen	6
Vorwort	8
Das Problem der Freiheit	11
Aufhebung aller Probleme	23
Kommunion	40
Mutation	57
Lebensangst	71
Der Quell des Lebens	86
Vollkommenes Handeln	101
Einheit von Leben und Tod	116
Der Abgrund des Schweigens	130
Wahre Religiosität	145

Hier werden die wichtigsten Fragen noch einmal aufgeführt, die von den Zuhörern an Krishnamurti gestellt worden sind. Im Text werden die Fragen in *schräger Schrift* wiedergegeben.

Ich kann nicht verstehen, warum Sie sagen, daß Geld kein Problem sei. 29

In einem gewissen Alter kann ein Mensch überhaupt nicht mehr arbeiten. Dieser Mensch hat niemanden als mich, der nach ihm sehen kann. Wie kann ich hierherkommen, um Ihnen zuzuhören und ihn hilflos lassen? 31

Meinen Sie, daß, wenn eine verwickelte oder unbequeme Situation besteht — etwa durch Geldmangel —, der Geist sich darüber erheben kann? 32

Ich bin infolge eines Unvermögens in meiner Kindheit ungebildet, und das ist für mich während meines ganzen Lebens ein großes Problem gewesen. Wie kann ich es lösen? 33

Wenn wir unfähig sind, alles zu sehen, was in einem Problem enthalten ist, wie können wir dann bis zur Wurzel vordringen und es lösen? 33

Gibt es Wunsch ohne ein Objekt? 39

Dann ist der Wunsch immer mit einem Gegenstand verbunden. Aber Sie sagten zuvor, daß wir den Mechanismus des Wünschens selbst verstehen müssen und nicht bezogen sein dürfen auf ein Objekt. 39

Es gibt keine Kommunion, weil der Geist durch das "Ich" belastet ist? 53

Inhaltsverzeichnis der Fragen

Soweit ich es erfahren habe, verurteilt mich das Denken zur Isolierung, weil es mich daran hindert, mit den Dingen meiner Umwelt in Kommunion zu sein, und es verhindert mich auch, zu den Wurzeln meiner selbst vorzudringen. Darum möchte ich gerne fragen: Warum denken menschliche Wesen? Welche Funktion hat das menschliche Denken, und warum übertreiben wir die Bedeutung des Denkens so sehr? 68

Ist das Gefühl, einen individuellen Willen zu haben, die Ursache der Furcht? 84

Was ist Reife eines Menschen? 99

Können wir unseren Geschäften nachgehen und ohne Wettbewerb arbeiten? 110

Ich glaube nicht, daß eine sich wiederholende Handlung notwendigerweise langweilig ist, oder? 111

Ein Mann, der gute Schuhe macht, ist der schöpferisch? 112

Ich verstehe nicht, wie man in einem leeren Raum leben kann? 112

Würden Sie etwas mehr über Energie sagen? 114

Worin unterscheidet sich Ihre Auffassung über die Liebe von dem christlichen Liebesgedanken? 128

Ich sehne mich nach Schweigen, aber ich finde, daß meine Versuche, es zu erreichen, immer jämmerlicher werden, je mehr Zeit dahingeht. Mache ich etwas falsch? 142

Wie kann man sich von dem Wunsch nach Sicherheit befreien? 155

Vorwort

Krishnamurti gilt als einer der tiefgründigsten Kenner des Menschen; er zeigt uns, daß ein Leben ohne Leid und Trübsal für jeden Verständigen inmitten dieser fragwürdigen Welt möglich ist.

Krishnamurti hat viele Länder im Osten und Westen besucht und zu vielen Menschen gesprochen. Seit 1961 kommt er in jedem Sommer nach Saanen (Berner Oberland, Schweiz), wo eine große internationale Hörerschaft seinen Reden mit großer Aufmerksamkeit folgt.

Seine Reden erscheinen jeweils in Englisch und sind in nahezu alle Sprachen übersetzt worden. Mehrere seiner Bücher wurden bereits in deutscher Sprache veröffentlicht. Die ersten Auflagen sind bereits vergriffen — für mich ergibt sich die Aufgabe, die Neuauflagen herauszubringen. Weitere noch nicht ins Deutsche übertragende Bücher werden von uns jetzt übersetzt und gedruckt.

Die vorliegende Übersetzung ist das Werk einiger Freunde, die ihr möglichstes getan haben, um der Tiefgründigkeit und der sprachlichen Ausdruckskraft des Urtextes gerecht zu werden. Wer Krishnamurti gehört hat, weiß, mit welch verhaltener Intensität er spricht. Er benutzt nie ein Konzept; er steht gleichsam in Kommunion mit seinen Zuhörern, und die Dynamik seines Wortes und seiner Gebärde sucht die Menschen aus der Verwirrung und Lethargie ihrer gegenwärtigen Existenz herauszuheben. So ist denn dieses Buch — wie auch alle weiteren — eine eindringliche Herausforderung für jeden, der um eine neue Einstellung zum Leben und zu den Mitmenschen ernsthaft bemüht ist.

Das Problem
der Freiheit

Wie Ihnen bekannt, werden Sie hier 10 Reden hören, und es ist beabsichtigt, danach einige Diskussionen stattfinden zu lassen; so werden wir viel Muße haben, die Dinge miteinander zu besprechen.

Ich möchte an diesem Morgen damit beginnen, auf die außerordentliche Bedeutung der Freiheit hinzuweisen. Die meisten von uns wünschen nicht, frei zu sein. Wir haben unsere Familien, unsere Verbindlichkeiten, unsere Pflichten — und darin leben wir. Wir sind durch soziale Gesetze, durch einen bestimmten Moralkodex eingeengt und mit alltäglichen Mißhelligkeiten und Problemen belastet. Wenn wir nur irgendwo Trost finden können, irgendwelche Mittel und Wege, um all diesen Konflikten und dem Elend zu entrinnen, sind wir sehr leicht zufrieden gestellt. Die meisten Menschen wünschen überhaupt nicht, wirklich frei zu sein, in jeder Hinsicht und aus ganzem Herzen. Doch scheint es mir, daß es eines der wesentlichsten Dinge des Lebens ist, für sich selbst herauszufinden, wie man vollkommen und total frei sein kann.

Ist es nun für das menschliche Wesen, das so sehr abhängig ist, das wie ein Gefangener durch seine tägliche Mühe und Arbeit eingeengt ist, das so voller Furcht und Ängste ist, so ungewiß vor der Zukunft und so beharrlich in seinem Verlangen nach Sicherheit — ist es für solch ein Wesen überhaupt möglich, in sich selbst eine radikale Mutation hervorzubringen, die nur in vollkommener Freiheit geschehen kann?

Ich glaube, jeder von uns sollte sich wirklich mit diesem Problem beschäftigen, wenigstens für die drei Wochen, da wir hier zusammen sind. Wir sollten darum bemüht sein herauszufinden, ob es überhaupt möglich ist, frei zu sein — nicht bloß dem Worte nach; vielmehr sollten wir mit Hilfe der verbalen oder sprachlichen Untersuchung immer tiefer in uns eindringen. Ohne Freiheit kann man nicht entdecken, was wahr und was falsch ist; ohne Freiheit gibt es für das Leben keine Tiefe; ohne Freiheit sind wir jeglichem Einfluß, allen sozialen Bedrängungen, den unzähligen Anforderungen, denen wir ständig gegenüberstehen, wie Sklaven ausgeliefert.

Können Sie nun als Individuum wirklich in sich selbst eindringen, gründlich und unbarmherzig und herausfinden, ob es für einen jeden von uns überhaupt möglich ist, vollkommen frei zu sein? Zweifellos ist nur in der Freiheit eine Verwandlung möglich. Und wir müssen uns verwandeln, nicht oberflächlich, nicht in dem Sinne, daß wir lediglich hier und dort ein Stückchen wegschneiden, sondern wir müssen eine radikale Umwandlung in dem Gefüge des Geistes selbst vollbringen. Darum empfinde ich es als so wichtig, über Verwandlung zu sprechen, darüber zu diskutieren und zu sehen, wie weit jeder von uns in dieses Problem eindringen kann.

Wissen Sie, was ich mit Verwandlung meine? Sich zu verwandeln heißt, in einer völlig anderen Art zu denken; es heißt, einen Zustand des Geistes zu erzeugen, in dem zu keiner Zeit mehr Angst ist, in dem kein Sinn mehr für Konflikte vorhanden ist, für Kämpfe, um etwas zu erreichen, etwas zu sein oder etwas zu werden. Verwandlung heißt, vollkom-

Das Problem der Freiheit

men von Furcht frei zu sein. Um herauszufinden, was diese Freiheit zu bedeuten hat, glaube ich, daß man die Frage des Lehrers und des Belehrten verstehen muß, um damit die Bedeutung des Lernens zu entdecken. Es gibt hier keinen Lehrer, und es gibt hier niemanden, der belehrt wird. Wir alle lernen. Sie müssen vollkommen von der Vorstellung frei sein, daß irgend jemand Sie belehren oder Ihnen sagen wird, was zu tun ist — womit sich die Beziehung zwischen Ihnen und dem Sprecher gänzlich verändert. Wir lernen: Sie werden nicht belehrt. Wenn Sie wirklich verstehen, daß Sie nicht hier sind, um durch irgend jemanden belehrt zu werden, daß da kein Lehrer ist, Sie zu unterrichten, kein Erlöser, Sie zu retten, kein Guru, Ihnen zu sagen, was zu tun ist — wenn Sie diese Tatsache wirklich verstehen, dann wissen Sie, daß Sie jegliches Ding selbst tun müssen; und das verlangt eine gewaltige Energie.

Energie wird vergeudet, geschwächt, sie geht vollkommen verloren, wenn in unserer gegenseitigen Beziehung eine Trennung zwischen dem Lehrer und dem Belehrten vorhanden ist. So hoffe ich, daß während dieser Reden und in den Diskussionen, die folgen sollen, kein Sinn mehr für Beziehungen solcher Art besteht. Es wäre wirklich wunderbar, wenn wir derartiges vollkommen auslöschen könnten, so daß da nur noch ein Bestreben ist: zu lernen.

Wir lernen im allgemeinen durch Studium, durch Bücher, durch Erfahrung oder durch Instruktionen. Das sind die üblichen Wege des Lernens. Wir prägen dem Gedächtnis ein, was zu tun und was nicht zu tun ist, was zu denken und was nicht zu denken ist, wie wir fühlen und wie wir reagieren sollen. Durch Erfahrung, durch Studium, durch Analyse, durch Sondieren, durch Selbstbeobachtung häufen wir im Gedächtnis Wissen an, und alle künftigen Herausforderungen und Wünsche erhalten aus diesem Gedächtnis ihre Antwort, wodurch sich das angelernte Wissen immer mehr vergrößert. Mit diesem Prozeß sind wir durchaus vertraut; es ist die einzige Art, in der wir lernen. Wenn ich z.B. nicht weiß, wie ich ein Flugzeug steuern soll, so lerne ich es. Ich werde unterwiesen, ich gewinne Erfahrung, die Erinnerung daran wird bewahrt, und schließlich kann ich fliegen. Das ist der einzige Prozeß des Lernens, den die meisten von uns kennen. Wir lernen durch Studium, durch Erfahrung, durch Instruktion. Was gelernt ist, wird dem Gedächtnis als Wissen eingeprägt, und dieses Wissen funktioniert, wann immer wir gefordert werden oder wann immer wir etwas zu tun haben.

Nun, ich glaube, daß es eine völlig andere Art des Lernens gibt, und darüber will ich ein wenig mehr sprechen. Aber um das zu verstehen und auf diese andere Art zu lernen, müssen Sie von der Autorität vollkommen frei sein, sonst würden Sie doch nur Instruktionen empfangen und dann wiederholen, was Sie gehört haben. Darum ist es so wichtig, das Wesen der Autorität zu verstehen. Autorität verhindert das Lernen — ein Lernen, das nicht eine Anhäufung von Wissen im Gedächtnis ist.

Das Gedächtnis antwortet immer schablonenmäßig; darin ist keine Freiheit. Ein Mensch, der mit Wissen, mit Instruktionen, mit Dingen belastet ist, die er gelernt hat, ist niemals frei. Er mag außerordentlich gelehrt sein, aber die Anhäufung seines Wissens verhindert ihn frei zu sein, und daher ist er unfähig zu lernen.

Wir häufen verschiedene Formen des Wissens an — wissenschaftliche, psychologische, technologische und so fort. Dieses Wissen ist für das physische Wohlsein des Menschen notwendig. Aber wir häufen auch Wissen an, um uns sicher zu fühlen, um störungsfrei tätig zu sein, um innerhalb der Schranken unserer eigenen Erfahrung mit dem Gefühl der Sicherheit handeln zu können.

Wir wünschen, niemals im Ungewissen zu sein — wir fürchten uns vor der Ungewißheit —, und darum häufen wir Wissen an. Über diese psychologische Anhäufung spreche ich, denn sie ist es, die die Freiheit vollkommen blockiert.

In dem Augenblick nun, da man zu erforschen beginnt, was Freiheit ist, muß man nicht nur die Autorität, sondern auch das Wissen in Zweifel ziehen. Wenn Sie sich nur belehren lassen, wenn Sie nur ansammeln, was Sie hören, was Sie lesen, was Sie erfahren, dann werden Sie bemerken, daß Sie nie frei sein können, weil Sie immer nur innerhalb der Norm des Bekannten funktionieren. Das ist es, was sich tatsächlich bei den meisten Menschen ereignet. Was also soll man tun?

Man sieht, wie der Verstand und das Gehirn funktionieren. Das Gehirn ist ein animalisches, progressives, evolutionäres Organ, das innerhalb der Schranken seiner eigenen Erfahrungen, seines Wissens, seiner eigenen Hoffnungen und Ängste lebt und tätig ist. Der Mensch ist ohne Unterlaß aktiv bemüht, sich zu sichern und zu schützen — und in einem bestimmten Maße muß er das tun, sonst würde er bald zerstört werden. Er muß einen bestimmten Grad von Sicherheit haben. Aus dieser Notwendigkeit zieht er gewohnheitsmäßig seinen Nutzen, indem er jede Art von Information sammelt, jeder Art von Belehrung folgt und dadurch eine Norm schafft, nach der er leben kann — und demzufolge ist er niemals frei. Wenn man seinen eigenen Intellekt und den ganzen inneren Funktionsablauf beobachtet, wird man dieser genormten Lebensart gewahr, in der es überhaupt keine Spontanität mehr gibt.

Was also ist Lernen? Gibt es eine andere Art des Lernens, ein Lernen, das nicht ansammelt, das nicht nur zu einem Hintergrund der Erinnerung oder des Wissens wird, der Normen schafft und die Freiheit blockiert? Gibt es ein Lernen, das nicht zu einer Last wird, das den Geist nicht verkrüppelt, sondern ihm im Gegenteil Freiheit verschafft? Wenn Sie je diese Frage an sich gerichtet haben, nicht oberflächlich, sondern aus einem tiefen Bedürfnis, werden Sie wissen, daß es darauf ankommt herauszufinden, warum der Geist der Autorität verhaftet ist, ganz gleich, ob es die Autorität des Erziehers, des Erlösers, des Buches oder die Autorität unseres eigenen Wissens und unserer eigenen Erfahrung ist — warum ist der Geist der Autorität verhaftet?

Sie wissen, daß die Autorität viele Formen annehmen kann. Es gibt die Autorität der Bücher, die Autorität der Kirchen, die Autorität Ihrer eigenen Erfahrung und die Autorität des Wissens, das Sie angesammelt haben. Warum hängen Sie an diesen Autoritäten? Im Technologischen brauchen wir Autoritäten — das ist einfach und klar. Aber wir sprechen hier über das psychologische Verhalten des Menschen und stellen uns ganz unabhängig von der technischen Autorität die Frage: Warum ist der Geist im psychologischen Sinne der Autorität verhaftet?

Offensichtlich klammert sich der Mensch an die Autorität, weil er sich vor der Ungewißheit, der Unsicherheit fürchtet; er fürchtet sich vor dem Unbekannten, vor dem, was sich morgen ereignen mag. Und können Sie und ich überhaupt ohne jede Autorität leben — Autorität im Sinne des Herrschens, des Geltungsdranges, des Dogmatismus, der Aggressivität, des Wunsches nach Erfolg, des Wunsches, berühmt zu sein, des Wunsches, jemand zu werden? Können wir in dieser Welt in einem Zustand vollkommener Demut

Das Problem der Freiheit

leben — ins Büro gehen und was wir sonst noch tun mögen? Das herauszufinden ist sehr schwierig, nicht wahr? Aber ich glaube, daß man nur in einem Zustand vollkommener Demut wirklich lernen kann — und das ist der Zustand des Geistes, der immer bereit ist, nicht zu wissen. Sonst häuft man doch nur weiter an und hört damit auf zu lernen.

Kann man nun in diesem Zustand Tag für Tag leben? Verstehen Sie meine Frage? Es ist sicher, daß ein Mensch, der wirklich lernt, keine Autorität beansprucht und sie auch nicht sucht. Da er sich in einem Zustand beständigen Lernens befindet — er lernt nicht nur von den äußeren Dingen, sondern auch von den inneren —, gehört er nicht irgendeiner Gruppe, irgendeiner Gesellschaft, Rasse oder Kultur an. Wenn Sie beständig von jeglichem Ding lernen, ohne anzuhäufen, wie kann es da noch irgendeine Autorität, irgendeinen Lehrer geben? Wie ist es dann noch möglich, daß Sie irgend jemandem folgen? Und das ist die einzige Art zu leben: nicht mehr aus Büchern zu lernen — das meine ich keinesfalls —, sondern aus Ihren eigenen Wünschen, aus den Regungen Ihres eigenen Denkens, Ihres eigenen Wesens. Dann ist der Geist immer frisch, dann schaut er auf eine neue Art auf jegliches Ding und nicht mit dem ermüdeten Blick des Wissens, der Erfahrung, des Erlernten. Wenn man das versteht — wirklich und tief —, dann hört jede Autorität auf. Dann hat auch der Sprecher überhaupt keine Bedeutung mehr.

Der außerordentliche Zustand, der die Wahrheit, das Unermeßliche der Realität sichtbar werden läßt, kann Ihnen durch keinen anderen gegeben werden. Da gibt es keine Autorität, da gibt es keinen Führer. Sie müssen es für sich entdecken und dadurch einen gewissen Sinn in dieses Chaos bringen, das wir Leben nennen. Es ist eine Reise, die der

Mensch vollkommen allein antreten muß, ohne Gefährten; dahin begleiten Sie weder die Frau noch der Mann noch die Bücher. Sie können zu dieser Reise nur aufbrechen, wenn Sie wirklich der Wahrheit gemäß verstehen, daß Sie vollkommen allein wandern müssen — und dann sind Sie allein; nicht aus Verbitterung, nicht aus Zynismus, nicht aus Verzweiflung, sondern weil Sie die Tatsache sehen, daß Alleinsein absolut notwendig ist. Es ist diese Tatsache und die Wahrnehmung dieser Tatsache, die uns befähigt, allein zu gehen. Das Buch, der Erlöser, der Lehrer — sie alle sind dann Sie selbst. Darum müssen Sie sich erforschen, Sie müssen über sich lernen — und das bedeutet nicht, daß Sie Wissen über sich anhäufen und mit diesem Wissen auf die Regungen Ihres eigenen Denkens schauen. Verstehen Sie das?

Sie können nur dann etwas über sich erfahren, sich erkennen, wenn Sie fähig sind, sich mit Frische und Freimut zu betrachten. Sie können über sich nichts erfahren, wenn Sie nur Ihr Wissen anwenden, daß heißt, mit Begriffen auf sich schauen, die Sie von irgendeinem Erzieher, aus einem Buch oder aus Ihren früheren Erfahrungen gelernt haben. Das "Du" ist ein ungewöhnliches Wesen, es ist ein komplexes, vitales Ding, enorm lebendig, beständig sich wandelnd, allen möglichen Erfahrungen ausgesetzt. Es ist ein Wirbel gewaltiger Energie, und da ist niemand, der Sie darüber belehren kann — keiner! Das ist das erste, das Sie erkennen müssen. Wenn Sie das einmal erkannt haben, wenn Sie die Wahrheit dessen wirklich sehen, dann sind Sie bereits von einer schweren Last befreit: Sie haben aufgehört, auf einen anderen zu schauen, damit er Ihnen sage, was zu tun ist. Und dann bereits spüren Sie diesen ungewöhnlichen Duft der Freiheit.

So muß ich mich denn selbst erkennen, weil ohne dieses Erkennen die Konflikte nicht aufhören, ebensowenig wie

Das Problem der Freiheit

Furcht und Verzweiflung; und ohne dieses Erkennen werde ich auch den Tod nicht verstehen können. Wenn ich mich verstehe, verstehe ich alle menschlichen Wesen und den ganzen menschlichen Zusammenhang. Sich selbst zu verstehen, heißt alles über den physischen Körper und über die verschiedenen Reakionen der Nerven zu erfahren; es heißt, jeglicher Gedankenregung gewahr zu sein; es heißt, umfassend zu begreifen, was wir Eifersucht und Brutalität nennen, und zu entdecken, was Zuneigung, was Liebe ist. Es heißt, alles das zu verstehen, was das "Ich" und das "Du" ist.

Lernen ist kein Prozeß, durch den das Wissen fundiert wird. Lernen geschieht von Augenblick zu Augenblick; es ist eine Bewegung, in der Sie sich selbst unaufhörlich betrachten, niemals verdammen, niemals beurteilen, niemals bewerten, sondern nur betrachten. In dem Augenblick, da Sie verdammen, interpretieren oder bewerten, handeln Sie nach der Schablone Ihres Wissens, Ihrer Erfahrung, und diese Schablone verhindert Sie am Lernen.

Eine Mutation an der tiefsten Wurzel des Geistes ist nur möglich, wenn Sie sich selbst verstehen; und eine solche Mutation muß sein, eine solche Verwandlung ist so notwendig. Ich gebrauche das Wort "Verwandlung" nicht in dem Sinne, daß wir dazu durch die Gesellschaft, durch das Klima, durch Erfahrung oder durch Zwang in irgendeiner anderen Form veranlaßt werden. Zwang und Einflüsse werden Sie nur in eine bestimmte Richtung drängen. Ich meine die Verwandlung, die, weil Sie sich selbst verstehen, ohne jede Anstrengung geschieht. Es besteht offensichtlich ein großer Unterschied zwischen diesen beiden: der Verwandlung, die durch Zwang hervorgebracht wird, und der Verwandlung, die spontan, natürlich und frei vor sich geht.

Nun, wenn Sie überhaupt ernsthaft sind — und ich glaube, es wäre ziemlich unsinnig, die langen Wege zu machen und sonstige Unbequemlichkeiten auf sich zu nehmen, um diese Vorträge zu besuchen, wenn Sie nicht ernsthaft wären —, dann werden Ihnen diese drei Wochen hier eine sehr gute Gelegenheit für das Lernen bieten, für ein wirkliches Beobachten, für ein tiefes Erforschen. Denn, sehen Sie, ich empfinde unser Leben als so oberflächlich. Wir wissen so viel und haben so viel Erfahrung; wir können sehr klug reden — aber in Wirklichkeit haben wir keine Tiefe. Wir leben an der Oberfläche und versuchen, dieses oberflächliche Leben zu etwas sehr Seriösem zu machen. Aber ich spreche über eine Ernsthaftigkeit, die nicht nur auf der oberflächlichen Ebene existiert, ich meine eine Ernsthaftigkeit, die in die letzte Tiefe unseres Wesens eindringt. Die meisten von uns sind nicht wirklich frei; und ich fühle, daß, wenn wir nicht frei sind — frei von den Plackereien, frei von den Gewohnheiten, frei von dem psychosomatischen Unvermögen, frei von der Furcht —, unser Leben erschreckend seicht und leer bleibt, und in diesem Zustand werden wir alt und sterben.

So wollen wir herausfinden, ob wir diese oberflächliche Existenz, die wir so sorgfältig genährt haben, durchbrechen können, um in eine größere Tiefe einzudringen. Das Erforschen ist von der Autorität unabhängig; es ist kein Prozeß, über den uns ein anderer belehren kann — denn es gibt niemanden, der uns sagen kann, wie es zu tun ist. Wir kommen hier zusammen, um zu lernen, was an all diesem wahr ist. Und wenn Sie einst wirklich verstehen, was wahr ist, dann schauen Sie nicht mehr nach einer Autorität aus, dann brauchen Sie nicht mehr irgendein Buch, dann gehen Sie in keine Kirche, in keinen Tempel mehr — dann haben Sie aufgehört, ein Nachfolger zu sein.

In der Freiheit liegt eine große Schönheit, eine große Tiefe, eine große Liebe, von der wir jetzt überhaupt nichts wissen,

Das Problem der Freiheit

weil wir nicht frei sind. So ist denn unser erstes Anliegen, so scheint es mir, diese Freiheit zu erforschen, nicht nur durch verbale oder sprachliche Untersuchung, sondern auch dadurch, daß wir uns von der Bindung an das Wort befreien.

Es ist sehr heiß, aber leider haben wir bereits alles in unseren Kräften stehende getan, um die Innenseite dieses Zeltes etwas kühl zu halten. Wir können diese Zusammenkünfte nicht früher stattfinden lassen, weil manche von Ihnen aus einiger Entfernung kommen, und so müssen wir mit dieser Hitze als einem Teil der Unbequemlichkeiten fertig werden.

Sie wissen, daß man sich disziplinieren muß, nicht durch selbstauferlegte Pflichten oder strenge Kontrolle, sondern indem man den ganzen Prozeß der Disziplin versteht und durch ihn lernt. Nehmen wir doch einmal das unmittelbar Gegebene: die Hitze. Wir können der Hitze gewahr sein, ohne durch sie gequält zu werden, weil uns unser Interesse, unser Nachforschen, das die eigentliche Tätigkeit des Lernens darstellt, weit wichtiger ist als die Hitze und das Unbehagen des Körpers. So verlangt das Lernen Disziplin, und eben dieser Vorgang des Lernens ist bereits Disziplin. Darum bedarf es keiner auferlegten Disziplin, keiner künstlichen Kontrolle. Das aber bedeutet, daß ich nicht nur dem zuzuhören wünsche, was gesagt wird, sondern auch alle Reakionen wahrnehmen will, die diese Worte in mir wachrufen. Ich wünsche jeglicher Gedankenregung gewahr zu sein, jeglichen Gefühls, jeglicher Geste. Das ist in sich selbst Disziplin, und solch eine Disziplin ist außerordentlich flexibel.

So, glaube ich, müssen Sie als erstes ausfindig machen, ob Sie — als ein menschliches Wesen, das in einer bestimmten Kultur oder Gemeinschaft lebt — wirklich so sehr nach Freiheit verlangen, wie Sie nach Nahrung, nach Sexualität, nach

Komfort verlangen und wie weit und wie tief Sie zu gehen bereit sind, um frei zu werden. Ich glaube, das ist das einzige, das wir bei dieser ersten Rede tun können — oder vielmehr, es ist das einzige, das wir während dieser 3 Wochen tun können; denn es ist das einzige, an dem wir gemeinsam teilhaben können — nur das, und nichts anderes. Verstehen Sie das? Denn alles andere wird bloße Sentimentalität, Verehrung, Gefühlsduselei, was alles so unreif ist. Aber wenn wir zusammen wirklich suchen und forschen und lernen, um zu erfahren, was Freiheit bedeutet, dann können wir an dieser Fülle alle teilhaben.

Wie ich zu Beginn sagte, gibt es hier keinen Lehrer und keinen zu Belehrenden. Jeder von uns lernt — aber nicht durch einen anderen. Sie lernen nicht von dem Sprecher noch von Ihrem Nachbarn; Sie lernen durch sich selbst. Und wenn Sie durch sich selbst lernen, dann sind Sie der Sprecher, dann sind Sie Ihr Nachbar. Wenn Sie durch sich selbst lernen, können Sie Ihren Nachbarn lieben — sonst können Sie es nicht, und alles Gesagte wird bloßes Gerede bleiben. Sie können Ihren Nachbarn nicht lieben, wenn Sie voller Wetteifer sind. Unsere ganze soziale Struktur — wirtschaftlich, politisch, moralisch, religiös — basiert auf dem Wettkampf, und zur gleichen Zeit sagen wir, daß wir unseren Nachbarn lieben müssen. So etwas ist unmöglich, weil dort, wo Wettstreit herrscht, keine Liebe bestehen kann.

Um also zu verstehen, was Liebe ist, was Wahrheit ist, muß Freiheit sein — und niemand kann Ihnen diese Freiheit geben. Sie müssen sie für sich selbst durch harte Arbeit finden.

Aufhebung aller Probleme

Als wir uns neulich hier trafen, sprach ich über die Notwendigkeit der Freiheit; und mit diesem Wort Freiheit meine ich nicht eine periphere oder fragmentarische Freiheit, die sich auf bestimmte Ebenen unseres Bewußtseins beschränkt. Ich sprach über das totale Freisein — frei bis hin zur tiefsten Wurzel unseres Geistes, frei in all unserem Tun, physisch, psychologisch und parapsychologisch. Freiheit bedeutet eine völlige Abwesenheit von Problemen, nicht wahr? Denn wenn der Geist frei ist, kann er mit vollkommener Klarheit beobachten und handeln; dann kann er sein, was er ist ohne ein Gefühl des Widerspruchs. Für mich zerstört und verdirbt ein Leben voller Probleme — seien sie wirtschaftlich oder sozial, privat oder öffentlich — die Klarheit. Und man braucht Klarheit. Man braucht einen Geist, der jedes Problem in dem Augenblick, da es auftaucht, völlig klar sieht; man braucht einen Geist, der ohne Verwirrung, ohne Beschränkung denken kann, einen Geist, der der Zuneigung, der Liebe fähig ist — was nichts mit Gefühlsschwärmerei oder Sentimentalität zu tun hat.

Um in diesem Zustand der Freiheit zu leben — was außerordentlich schwer zu verstehen ist und ein tiefes Eindringen erfordert —, muß man einen ungetrübten, ruhigen Geist haben, einen Geist, dessen Funktion alles umfaßt, nicht nur die Peripherie, sondern auch das Zentrum. Diese Freiheit ist keine Abstraktion, sie ist kein Ideal. Die Bewegung des Geistes in Freiheit ist eine Realität, und Ideale und Abstraktionen haben damit überhaupt nichts zu tun. Solche Freiheit entsteht auf natürliche Weise und spontan — ohne irgendeinen Zwang, ohne irgendwelche Disziplin, Kontrolle oder Überredung —, wenn wir den gesamten Prozeß des Entstehens und der Aufhebung eines Problems verstehen. Ein Mensch, der ein Problem hat, das für ihn wirklich eine Beunruhigung bedeutet und der vor diesem Problem geflohen ist, bleibt verkrüppelt, gefesselt, er ist nicht frei. Denn für einen Menschen, der nicht jedes Problem in dem Augenblick löst, da es sich erhebt, ganz gleich auf welcher Ebene — ob auf der physischen, psychologischen oder emotionalen —, gibt es keine Freiheit und daher keine Klarheit des Denkens, der Anschauung, der Wahnnehmung.

Die meisten menschlichen Wesen haben Probleme. Ich verstehe unter einem Problem die schleichende Beunruhigung, die sich einstellt, wenn wir auf eine Herausforderung unzulänglich reagieren, d.h. wenn wir unfähig sind, einem Problem total und mit unserem ganzen Sein zu begegnen oder wenn eine Gleichgültigkeit vorhanden ist, die dazu führt, die Probleme gewohnheitsmäßig hinzunehmen und sich mit ihnen eben abzufinden. Ein Problem ist da, wenn man es versäumt, jeder Sache ins Auge zu schauen und ihr bis auf den Grund nachzugehen, nicht morgen oder irgendwann später, sondern dann, wenn das Problem auftaucht, zu jeder Minute, zu jeder Stunde, an jedem Tag.

Jedes Problem auf jeglicher Ebene, bewußt oder unbewußt, ist ein Faktor, der die Freiheit zerstört; ein Problem ist etwas, das wir nicht vollkommen verstehen. Unser Problem mag Schmerz, physisches Unbehagen, der Tod eines Menschen oder Mangel an Geld sein; es mag die Unfähigkeit sein, für sich selbst zu entdecken, ob Gott eine Realität ist oder bloß ein Wort ohne Substanz. Weiterhin gibt es die

Probleme der menschlichen Beziehungen, der privaten wie der öffentlichen, der individuellen wie der kollektiven. Wenn man den gesamten menschlichen Zusammenhang nicht durchschaut, entstehen Probleme; und die meisten von uns haben solche Probleme, die unseren Geist und unser Herz verkrüppeln, und aus denen die psychosomatischen Krankheiten hervorgehen. Mit diesen Problemen belastet, nehmen wir jede Möglichkeit der Flucht wahr: Wir beten den Staat an, wir akzeptieren die Autorität, wir schauen auf einen anderen, um unsere Probleme durch ihn lösen zu lassen, wir stürzen uns in eine sinnlose Wiederholung von Gebeten und Riten, wir nehmen unsere Zuflucht zum Trinken, frönen der Sexualität, dem Haß, der Selbstbemitleidung und so fort.

So haben wir sorgfältig ein Netzwerk von Fluchtmöglichkeiten geschaffen — rational oder irrational, neurotisch oder intellektuell —, die uns befähigen, alle menschlichen Probleme, die auftauchen, hinzunehmen und uns damit abzufinden. Aber diese Probleme rufen unvermeidlich Verwirrung hervor, und der Geist ist niemals frei.

Ich weiß nicht, ob Sie in derselben Weise wie ich die Notwendigkeit empfinden, überhaupt keine Probleme mehr zu haben — nicht eine fragmentarische Notwendigkeit, die Sie eines Tages plötzlich zwingt, einem Problem ins Auge zu sehen, sondern die absolute Notwendigkeit, die in dem Augenblick beginnt, da sich Ihre Gedanken mit diesen Dingen beschäftigen und die bis zum Ende des Lebens währt. Wahrscheinlich fühlen Sie nicht die Dringlichkeit dieser Frage. Aber wenn man sehr klar und nicht nur abstrakt, sondern tatsächlich erkennt, daß das Freisein von Problemen ebenso notwendig ist wie Nahrung und frische Luft, dann handelt man von dieser Wahrnehmung aus, sowohl im Psychologischen als auch in den Dingen des täglichen Lebens. Diese Wahrnehmung ist dann gegenwärtig in allem was man tut und denkt und fühlt.

So ist denn das Freisein von Problemen das eigentliche Problem. Worauf es ankommt, ist zu sehen, daß ein Geist, der sich im Konflikt befindet, ein zerstörender Geist ist, weil er stetig degeneriert. Degenerierung ist keine Frage des hohen Alters oder der Jugend; sie beginnt, wenn der Mensch in Konflikte verstrickt ist und viele ungelöste Probleme hat. Konflikt ist der Kern der Degenerierung und des Verfalls. Ich weiß nicht, ob Sie diese Wahrheit einsehen. Wenn Sie es tun, dann erhebt sich die Frage, wie der Konflikt gelöst werden kann. Aber zunächst muß man für sich selbst der Wahrheit gemäß erkennen, daß ein Mensch, der ein Problem irgendeiner Art, auf irgendeiner Ebene und für irgendeine Zeitdauer hat, des klaren Denkens unfähig ist, unfähig, die Dinge zu sehen, wie sie sind — rücksichtslos, unbarmherzig — ohne jedes Sentiment, ohne jedes Mitleid mit sich selbst.

Nun aber pflegen die meisten von uns sofort zu entfliehen, wenn sich ein Problem erhebt. Wir finden es sehr schwierig, vor dem Problem zu verharren, es einfach nur zu betrachten, ohne zu interpretieren, zu verdammen oder zu vergleichen, ohne den Versuch, es zu ändern oder sonst etwas zu tun. Das würde unsere ganze Aufmerksamkeit verlangen; jedoch ist für die meisten von uns kein Problem jemals so ernsthaft, daß wir ihm unsere volle Achtsamkeit zuwenden möchten, weil wir ein sehr oberflächliches Leben führen und durch glatte Antworten und schnelle Entgegnungen leicht zufrieden zu stellen sind. Wir wünschen, das Problem zu vergessen, legen es beiseite und beschäftigen uns mit etwas anderem. Nur wenn das Problem uns im Innersten berührt wie im Falle des Todes oder bei einem totalen Geldmangel oder wenn uns der Ehemann oder die Ehefrau verlassen haben — nur dann mag das Problem zu einer Krisis werden. Aber wir erlauben keinem Problem, eine wirkliche Krisis in unserem Leben hervorzurufen; wir schieben es immer durch Erklärungen und Worte und durch die verschiedenen Dinge, die wir als Gegenwehr benutzen, beiseite.

So wissen wir nun, was wir unter einem Problem verstehen. Es ist ein Sachverhalt, dem wir nicht auf den Grund gegangen sind und den wir nicht vollkommen verstanden haben; darum ist das Problem nicht abgeschlossen und wiederholt sich wieder und wieder.

Um ein Problem zu verstehen, muß man die Widersprüche der eigenen Existenz verstehen — sowohl die extremen als auch die des täglichen Lebens. Wir denken das eine und tun ein anderes; wie sagen das eine und fühlen etwas ganz anderes. Wir stehen in dem Konflikt zwischen Wertschätzung und Mißachtung, zwischen Rohheit und Höflichkeit. Auf der einen Seite sind wir arrogant und stolz, und auf der anderen Seite spielen wir mit der Demut. Sie kennen die vielen Widersprüche, die wir alle haben, im Bewußten, wie im Verborgenen.

Nun, wie entstehen diese Widersprüche?

Bitte, wie ich wiederholt gesagt habe: Hören Sie nicht nur dem Sprecher zu, sondern lauschen Sie ebenso Ihren eigenen Gedanken. Beobachten Sie, wie Ihre eigenen Reaktionen entstehen, seien Sie, wenn die Frage gestellt wird, Ihrer eigenen Erwiderung gewahr, so daß Sie mit sich selbst vertraut werden.

Wenn wir ein Problem haben, wollen die meisten Menschen wissen, wie es zu lösen ist, was man damit tun soll, wie man darüber hinwegkommen, davon freikommen kann oder wie die Antwort darauf lautet. An all diesem bin ich nicht interessiert. Ich wünsche zu wissen, warum das Problem entsteht; denn wenn ich die Wurzel eines Problems finden kann, wenn ich es begreife und bis zu seiner letzten Tiefe vordringe, dann werde ich die Antwort auf alle Probleme gefunden haben. Wenn ich auf ein Problem in seiner Ganzheit zu sehen weiß, dann werde ich jedes Problem verstehen, das sich in der Zukunft erheben mag.

Wie also entsteht ein Problem — ein psychologisches Problem?
Lassen Sie uns das zuerst behandeln, weil psychologische Probleme jede Tätigkeit in unserem Leben verzerren. Nur wenn der Mensch ein psychologisches Problem im Augenblick seines Auftauchens versteht und löst und damit verhindert, daß sich der Niederschlag dieses Problems auf die nächste Stunde, auf den folgenden Tag überträgt —, nur dann ist der Geist fähig, dem nächsten Ereignis mit Frische und Klarheit zu begegnen. Unser Leben ist eine Reihe von Herausforderungen und Erwiderungen, und wir müssen fähig sein, jeder Herausforderung total zu begegnen, sonst bringt uns jeder Augenblick weitere Probleme. Verstehen Sie daß? Mein ganzes Interesse besteht darin, frei zu sein, keine Probleme zu haben — sei es über Gott, über Sexualität oder über irgend etwas. Wenn Gott zu meinem Problem wird, dann hat das Suchen nach Gott keinen Wert. Um herauszufinden, ob es so etwas wie Gott gibt, ein Höchstes jenseits der verstandesmäßigen Grenzen, muß ein Geist sehr klar, unschuldig, frei sein; er darf nicht durch ein Problem verkrüppelt sein.

Darum habe ich von Anfang an betont, daß Freiheit eine Notwendigkeit ist. Mir wurde gesat, daß selbst Karl Marx —

der Gott der Kommunisten — schrieb, daß das menschliche Wesen Freiheit haben muß. Für mich ist Freiheit absolut notwendig — Freiheit am Anfang, in der Mitte und am Ende —, und diese Freiheit wird verneint, wenn ich ein Problem auf den nächsten Tag mit hinübernehme. Um diese Freiheit zu ermöglichen, muß ich nicht nur herausfinden, wie ein Problem entsteht, sondern auch, wie es total aufgehoben werden kann — sozusagen chirurgisch —, und daß es sich nicht wiederholt, nicht weitergeschleppt wird und kein Sinn mehr dafür vorhanden ist, darüber nachzudenken, um morgen die Antwort zu finden. Wenn ich das Problem auf den nächsten Tag verschiebe, habe ich damit den Boden vorbereitet, in dem das Problem Wurzel schlägt; und dann wird das Auslichten dieses Problems zu einem weiteren Problem. Darum muß ich so drastisch und unverzüglich operieren, daß das Problem vollkommen aufgelöst wird.

So sehen Sie die beiden Kernfragen. Ob das Problem unsere Frau und Kinder betrifft oder den Mangel an Geld oder Gott — was es auch sein mag: Man muß herausfinden, wie das Problem entsteht und wie es unmittelbar beendet werden kann.

Was ich sage, ist nicht unlogisch. Ich habe logisch, vernünftig die Notwendigkeit dargestellt, das Problem zu beenden und es nicht auf den nächsten Tag zu verschieben. Möchten Sie hierüber irgendwelche Fragen stellen?

Ich kann nicht verstehen, warum Sie sagten, daß Geld kein Problem sei.

Es ist für viele Menschen ein Problem. Ich sagte niemals, daß es das nicht wäre. Bitte, ich sagte, daß ein Problem dann auftaucht, wenn Sie etwas nicht vollkommen verstehen, gleichgültig, ob es sich dabei um Geld, Sexualität oder Gott handelt oder um Ihre Beziehungen zu Ihrer Frau oder zu jemandem, der Sie haßt — es kommt nicht darauf an, was es ist. Wenn ich krank bin oder sehr wenig Geld habe, wird es ein psychologisches Problem. Oder es mag die Sexualität sein, die zu einem Problem wird. Wir erforschen, wie psychologische Probleme entstehen und nicht, wie wir mit einem besonderen Problem fertig werden können. Verstehen Sie das? Du lieber Gott, das ist doch so einfach.

Sie wissen, daß es im Osten Leute gibt, die die Welt aufgeben und mit einer Bettelschale von Dorf zu Dorf wandern. Die Brahmanen in Indien haben seit Jahrhunderten den Brauch eingeführt, daß ein Mensch, der die Welt aufgibt, zu achten und von der Bevölkerung zu nähren und zu kleiden ist. Für solch einen Menschen ist die Geldfrage offensichtlich kein Problem — aber ich empfehle diese Sitte hier nicht! Ich möchte nur klarstellen, daß die meisten von uns so viele psychologische Probleme haben. Haben Sie nicht auch Probleme, nicht nur bezüglich des Geldes, sondern auch im Hinblick auf Sexualität, Gott und Ihre Umweltbeziehungen? Sind Sie nicht darum bekümmert, ob Sie geliebt oder nicht geliebt werden? Wenn ich sehr wenig Geld habe und mir mehr davon wünsche, dann wird das zu meinem Problem. Ich quäle mich damit ab, es entsteht ein Gefühl der Angst; oder ich werde neidisch, weil einer anderer mehr Geld als ich hat. All dieses verwirrt mein Wahrnehmungsvermögen, und das sind die Probleme, über die wir sprechen. Wir versuchen herauszufinden, wie ein Problem dieser Art entsteht. Ich denke, daß ich das leidlich klar gemacht habe — oder wünschen Sie, daß ich da noch weiter eindringe?

Sicherlich, ein Problem entsteht, wenn in mir ein Widerspruch vorhanden ist. Wenn es keinen Widerspruch auf irgendeiner Ebene gibt, dann ist auch kein Problem mehr vorhanden. Wenn ich kein Geld habe, werde ich arbeiten, betteln, borgen — ich werde irgend etwas tun, und es wird kein Problem sein.

Was geschieht aber, wenn Sie nichts tun können?

Was meinen Sie damit, daß Sie nichts tun können? Wenn Sie eine Technik beherrschen oder über irgendein spezialisiertes Wissen verfügen, können Sie doch damit etwas anfangen. Wenn Sie unfähig sind, überhaupt irgend etwas zu leisten, dann mögen Sie graben.

In einem gewissen Alter kann ein Mensch überhaupt nicht mehr arbeiten.

Aber dann gibt es für ihn den Wohlfahrtsstaat.

Nein, für ihn nicht.

Dann stirbt er, und es ist kein Problem da. Aber das ist nicht Ihr Problem, nicht wahr, Madame?

Es ist nicht mein eigenes, persönliches Problem.

Dann sprechen Sie über jemand anderes und damit ist der Fall erledigt. Hier sprechen wir über Sie als ein menschliches Wesen, das Probleme hat, nicht über irgendeinen Verwandten oder Freund.

Er hat niemanden als mich, der nach ihm sehen kann. Wie kann ich hier herkommen, um Ihnen zuzuhören und ihn hilflos lassen?

Kommen Sie nicht.

Aber ich wünsche es zu tun.

Dann machen Sie daraus kein Problem.

Meinen Sie, daß, wenn eine verwickelte oder unbequeme Situation besteht — etwa durch Geldmangel —, der Geist sich darüber erheben kann?

Nein. Sehen Sie, Sie sind mir bereits vorausgelaufen, indem Sie versuchen, das Problem zu lösen. Sie möchten wissen, wie man das Problem behandeln soll, und so weit bin ich noch nicht gekommen. Ich habe nur das Problem dargelegt und nicht, was damit zu tun ist.

Wenn Sie sagen, daß sich der Geist über das Problem erheben muß oder wenn Sie fragen, was ein Verwandter oder Freund tun soll, der alt ist und kein Geld hat, erkennen Sie, was Sie da tun? Sie fliehen vor der Tatsache. Warten Sie eine Minute, hören Sie dem zu, was ich sage. Nehmen Sie es nicht an, und verwerfen Sie es nicht, sondern hören Sie nur zu.

Sie sind nicht bereit, der Tatsache ins Auge zu sehen, daß *Sie* es sind, der ein Problem hat, nicht irgendein anderer. Wenn Sie Ihr eigenes Problem lösen können — als ein menschliches Wesen —, werden Sie einem anderen helfen, das seine zu lösen — oder auch nicht, je nach den Umständen. Aber in dem Augenblick, da Sie die Probleme anderer Leute aufgreifen und fragen: ,,Was soll ich tun?'' haben Sie sich in eine Situation gebracht, in der Sie keine Antwort finden können, und dadurch wird ein Widerspruch hervorgerufen.

Aufhebung aller Probleme

Ich weiß nicht, ob Sie all dem folgen.

Ich bin infolge eines Unvermögens in meiner Kindheit ungebildet, und das ist für mich während meines ganzen Lebens ein großes Problem gewesen. Wie kann ich es lösen?

Sie sind alle so sehr damit beschäftigt, ein Problem zu lösen, nicht war? Ich bin es nicht. Es tut mir leid. Ich sagte Ihnen bereits zu Beginn dieser Reden, daß ich nicht daran interessiert bin, Probleme zu lösen, weder Ihre noch meine. Ich bin nicht Ihr Helfer oder Ihr Führer. Sie sind Ihr eigener Lehrer, Ihr eigener Schüler. Sie sind hier, um zu lernen und nicht, um einen anderen zu fragen, was Sie tun sollen und was Sie nicht tun sollen. Es handelt sich nicht darum, was Sie für die verkrüppelte Person tun sollten oder für jemanden, der nicht genug Geld hat oder bezüglich Ihrer Unbildung und so weiter, und so weiter. Sie sind hier, um zu lernen, wie Sie die Probleme, die Sie haben, selbst erkennen können, Sie sind nicht hier, um durch mich belehrt zu werden. So bringen Sie mich bitte nicht in diese falsche Lage, denn ich will Sie nicht instruieren. Wenn ich es täte, würde ich ein Führer, ein Guru werden und dadurch den ganzen ausbeuterischen Unsinn vermehren, der bereits in der Welt existiert. So sind wir hier — Sie und ich — um zu lernen und nicht, um belehrt zu werden. Wir lernen nicht durch Studium, nicht durch Erfahrung, sondern indem wir rege, wach und vollkommen unserer selbst gewahr sind. So ist denn unsere Beziehung von der des Lehrers und des Belehrten völlig verschieden. Der Sprecher instruiert Sie nicht und sagt Ihnen nicht, was zu tun ist — das wäre äußerst unreif.

Wenn wir unfähig sind, alles zu sehen, was in einem Problem enthalten ist, wie können wir dann bis zur Wurzel vordringen und es lösen?

Sie sind alle so erpicht darauf herauszufinden, was zu tun ist, daß Sie mir keine Gelegenheit gegeben haben, da einzudringen. Bitte, hören Sie für zwei Minuten zu — wenn Sie mögen. Ich sage Ihnen nicht, was wegen Ihrer Probleme zu tun ist. Ich zeige auf, wie man lernt und was Lernen bedeutet; und Sie werden erleben, daß, indem Sie über Ihr Problem Klarheit gewinnen, das Problem ein Ende nimmt. Aber wenn Sie auf jemanden schauen, damit er Ihnen sage, was Sie im Hinblick auf das Problem tun sollen, dann werden Sie wie ein unmündiges Kind sein, das durch einen anderen geleitet wird, und Sie werden nur noch mehr Probleme haben. Das ist kompliziert und einfach; darum machen Sie es sich bitte ein für alle Male in Ihrem Herzen und Ihrem Geist klar. Wir sind hier, um zu lernen, nicht um belehrt zu werden. Belehrt zu werden bedeutet, daß das, was wir hören, der Erinnerung überlassen wird; aber bloße Wiederholung aus dem Gedächtnis bringt die Lösung der Probleme nicht zustande. Reife besteht nur in der Bewegung des Lernens. Ein Wissen, das durch bloßes Auswendiglernen erworben wurde, und das benutzt wird, um menschliche Probleme zu lösen, zeugt von Unreife und schafft nur weitere Schablonen, weitere Probleme.

Der bloße Wunsch, ein Problem zu lösen, ist eine Flucht vor dem Problem, nicht wahr? Ich bin in das Problem nicht eingedrungen, ich habe es nicht untersucht, erforscht, verstanden. Ich kenne nicht die Schönheit oder die Häßlichkeit oder die Tiefe des Problems; meine einzige Sorge ist, es zu lösen, es beiseite zu tun. Dieser Drang, ein Problem zu lösen, ohne es verstanden zu haben, ist eine Flucht vor dem Problem — und dadurch wird es zu einem anderen Problem. Jedes Ausweichen bringt weitere Probleme hervor.

Nun, ich habe ein Problem, und möchte es voll und ganz verstehen. Ich wünsche nicht, ihm zu entrinnen, ich möchte

Aufhebung aller Probleme

keine Worte darüber machen, ich wünsche nicht, einem anderen davon zu erzählen — ich möchte es nur verstehen. Ich schaue nicht auf einen anderen, damit er mir sage, was zu tun ist. Ich sehe ein, daß mir kein Mensch darüber etwas sagen kann, und daß, wenn es jemand täte und ich seine Belehrung annähme, es eine höchst närrische und absurde Handlung wäre.

So muß ich, um das gegenwärtige Problem anpacken zu können, lernen, ohne belehrt zu werden und ohne mir in Erinnerung zu rufen, was ich aus früheren Problemen gelernt habe. Oh, Sie sehen ja nicht die Schönheit, die darin liegt.

Wissen Sie, was es bedeutet, in der Gegenwart zu leben? Nein, ich fürchte, Sie wissen es nicht. In der Gegenwart zu leben heißt, überhaupt keine Fortdauer mehr zu haben. Aber das ist etwas, worüber wir zu einer anderen Zeit diskutieren werden.

Ich habe ein Problem, und ich möchte es verstehen, ich wünsche, alles darüber kennen zu lernen. Um das zu können, um damit fertig zu werden, darf ich nicht die Erinnerungen aus der Vergangenheit einbeziehen; denn das neue Problem verlangt eine neue Einstellung und das kann ich nicht mit toten, stupiden Erinnerungen erreichen. Das Problem ist aktiv, so muß ich mit ihm in der lebendigen Gegenwart fertig werden, und darum muß das Zeitelement vollkommen beseitigt werden.

Ich möchte herausfinden, wie Probleme — psychologische Probleme — entstehen. Wenn ich, wie ich bereits sagte, die Verursachung der Probleme in ihrer ganzen Komplexität verstehe und damit von mir aus keine neuen Probleme mehr schaffen kann, dann werde ich wissen, was ich im Hinblick auf Geld, auf Sexualität, auf Haß, im Hinblick auf jegliches Ding im Leben zu tun habe. Und ich werde, indem ich mich mit diesen Dingen unmittelbar befasse, kein anderes Problem hervorbringen. Ich muß also herausfinden, wie ein psychologisches Problem entsteht, nicht wie es zu lösen ist. Können Sie mir folgen?

Niemand kann mir sagen, wie es entsteht; ich muß es für mich selbst erkennen.

Bitte, da ich in mir forsche, müssen auch Sie es in sich selbst tun und nicht nur meinen Worten zuhören. Wenn Sie nicht jenseits der Worte dringen und auf sich selbst schauen, werden Ihnen die Worte überhaupt nicht helfen; sie werden zu einer bloßen Abstraktion, nicht zu einer Realität. Die Realität ist die aktuelle Bewegung Ihres eigenen entdeckenden Forschens; sie liegt nicht in den Worten, die darüber etwas aussagen.

Ist das alles so weit klar?

Für mich ist Freiheit, wie ich sagte, von höchster Bedeutung. Aber Freiheit kann unmöglich ohne Intelligenz verstanden werden; und Intelligenz besteht nur dann, wenn man für sich die Verursachung der Probleme ganz verstanden hat. Der Geist muß beweglich, achtsam sein, er muß sich in einem Zustand der Übersensitivität befinden, so daß jedes Problem gelöst wird, da es an den Menschen herantritt. Sonst gibt es keine wirkliche Freiheit; da ist dann nur eine fragmentarische, periphere Freiheit, die überhaupt keinen Wert hat. Es ist so, als ob ein reicher Mann sagt, er sei frei. Du lieber Gott! Er ist dem Trunk verfallen, der Sexualität, dem Komfort und einem Dutzend anderer Dinge. Und der Arme, der sagt: ,,Ich bin frei, weil ich kein Geld habe''

— er hat andere Probleme. So darf Freiheit und die Erhaltung dieser Freiheit nicht bloße Abstraktion sein; es muß das absolute Verlangen danach in Ihnen als menschlichem Wesen vorhanden sein, denn nur als freier Mensch können Sie lieben. Wie wollen Sie lieben können, wenn Sie ehrgeizig, gierig, wetteifernd sind?

Stimmen Sie mir nicht zu, meine Herren — Sie lassen mich ja alle Arbeit allein verrichten.

Ich bin überhaupt nicht daran interessiert, das Problem zu lösen oder jemanden zu suchen, der mir sagt, wie es zu lösen ist. Kein Buch, kein Führer, keine Kirche, kein Priester, kein Erlöser kann es mir sagen. Wir haben mit diesen Dingen seit Jahrtausenden gespielt, und wir sind immer noch mit Problemen beladen.

Kein Kirchgang, kein Glaubensbekenntnis, kein Gebet — nichts von all diesen Dingen wird unsere Probleme lösen; diese Dinge werden nur weiterhin die Probleme vermehren, wie es jetzt der Fall ist. Wie also entsteht ein Problem?

Wie ich sagte, gibt es kein Problem, wenn in uns selbst kein Widerspruch vorhanden ist. Innerer Widerspruch trägt einen Konflikt des Wünschens in sich, nicht wahr? Aber der Wunsch an sich ist niemals widerspruchsvoll. Es sind die Objekte des Wünschens, die offensichtlich den Widerspruch erzeugen. Wenn ich Bilder male oder Bücher schreibe oder sonstige stumpfsinnige Dinge treibe, wünsche ich, berühmt zu sein, anerkannt zu werden. Wenn mich niemand anerkennt, entsteht ein Widerspruch, und ich fühle mich elend. Ich fürchte mich vor dem Tod, den ich nicht verstanden habe; und auch in dem, was ich Liebe nenne, besteht ein Widerspruch. So sehe ich, daß der Wunsch der Anfang des Widerspruches ist — nicht der Wunsch selbst, sondern die Objekte des Wünschens sind einander widersprechend. Wenn ich versuche, die Objekte des Wünschens zu ändern oder zu verneinen, wenn ich sage, daß ich nur bei einer Sache bleiben werde und nichts anderes mich etwas angeht, dann wird auch das wiederum zu einem Problem, weil ich dann Widerstand leisten muß, weil ich dann Schranken gegen alles andere aufrichten muß. So muß ich nicht nur darauf achten, die Objekte der Wünsche zu ändern oder zu reduzieren, sondern den Wunsch selbst zu verstehen.

Sie mögen sagen: Was hat das alles mit dem Problem zu tun? Wir denken, es ist der Wunsch, der den Konflikt, den Widerspruch schafft; und ich weise darauf hin, daß es nicht der Wunsch ist, sondern die sich widerstreitenden Objekte oder Richtungen des Wünschens, die den Widerspruch hervorrufen. Und es ist nicht gut, wenn wir den Versuch machen, nur einen Wunsch zu haben. Das kommt dem Priester gleich, der sagt: ,,Ich habe nur das eine Verlangen, zu Gott zu gelangen'' — und der unzählige Wünsche hat, deren er nicht einmal gewahr ist. So muß man die Natur des Wunsches verstehen und ihn nicht nur kontrollieren oder verneinen.

Die ganze religiöse Literatur sagt, daß Sie das Wünschen zerstören müssen, daß Sie ohne Wunsch sein müssen — das ist Unsinn. Man muß verstehen, wie der Wunsch entsteht und was dem Wunsch Fortdauer gibt — nicht wie er zu beenden ist. Folgen Sie dem Problem? Sie können sehen, wie der Wunsch entsteht — es ist ziemlich einfach.

Da ist Wahrnehmung, Berührung, Empfindung — es gibt eine Empfindung, die auch ohne Berührung entstehen kann —, und mit der Empfindung beginnt der Wunsch. Ich sehe ein Auto; seine Linien, seine Form, seine Schönheit ziehen mich an, und ich möchte es haben. Diesen Wunsch nun zu zerstören, würde bedeuten, daß die Empfindungen insgesamt abgestumpft werden. So beginnt denn im Augenblick einer Sinnesempfindung der Wunschprozeß. Ich sehe einen schönen Gegenstand oder eine schöne Frau — oder was es sonst sein mag —, und damit erwacht der Wunsch. Oder ich sehe einen Mann mit großer Intelligenz und Integrität, und ich wünsche wie er zu sein. Aus dieser Wahrnehmung entsteht die Empfindung, und mit der Empfindung beginnt der Wunsch. So geschieht es tatsächlich, darin liegt nichts Kompliziertes. Die Komplexität beginnt, wenn der Gedanke sich einmischt und dem Wunsch Fortdauer gibt. Ich denke an das Auto oder die Frau oder den intelligenten Mann, und durch diesen Gedanken wird dem Wunsch Fortdauer gegeben. Sonst hat er keine Fortdauer — ich kann auf den Wagen schauen, und damit hat es sein Bewenden. Können Sie folgen? Aber in dem Augenblick, da ich nur einen Gedankenzoll an diesen Wagen verschwende, erhält der Wunsch seine Fortdauer, und der Widerspruch beginnt.

Gibt es Wunsch ohne ein Objekt?

So etwas gibt es nicht. Es gibt keinen gegenstandslosen Wunsch.

Dann ist der Wunsch immer mit einem Gegenstand verbunden. Aber Sie sagten zuvor, daß wir den Mechanismus des Wünschens selbst verstehen müssen und nicht bezogen sein dürfen auf ein Objekt.

Sir, ich habe darauf hingewiesen, wie der Wunsch entsteht und wie wir dem Wunsch durch Denken Fortdauer geben.

Kommunion

Wie ich glaube, besteht ein großer Unterschied zwischen Kommunikation und Kommunion. In der Kommunikation nimmt man durch Worte, freundliche oder unfreundliche, durch Symbole, durch Gesten an Ideen teil, und Ideen können ideologisch ausgelegt oder auf Grund unserer besonderen Eigenart, unserer Idiosynkrasien oder unserer Erfahrungen interpretiert werden.

In der Kommunion hingegen ereignet sich etwas völlig anderes. In der Kommunion gibt es keine Beteiligung an Ideen und keine Interpretation. Sie mögen sich durch Worte verständigen oder auch nicht; aber zwischen Ihnen und dem, was Sie betrachten, besteht ein unmittelbares Verhältnis; und Sie werden eines mit Ihrem eigenen Geist, mit Ihrem eigenen Herzen.

Man mag zum Beispiel in Kommunion mit einem Baum sein oder mit einem Berg oder mit einem Fluß. Ich weiß nicht, ob Sie jemals unter einem Baum gesessen und wirklich versucht haben, mit ihm eins zu sein. Es liegt darin nichts Sentimentales, es ist kein Gefühlsrausch: Sie befinden sich in innigstem Kontakt mit dem Baum; es ist eine Beziehung von ungewöhnlicher Vertrautheit. In solch einer Kommunion muß Schweigen, muß ein tiefes Gefühl der Stille herrschen. Ihr Körper, Ihre Nerven sind beruhigt; das Herz hört beinahe auf zu schlagen. Es gibt keine Interpretation, keine Gedankenverständigung, kein Beteiligtsein. Der Baum ist nicht

Kommunion

Sie, noch werden Sie mit dem Baum identisch: Da ist nur dieses Gefühl der Vertrautheit in einem tiefen Schweigen.

Ich weiß nicht, ob Sie es je versucht haben. Versuchen Sie es doch irgendwann einmal — wenn Ihre Gadanken nicht plappern, nicht überall umherschweifen, wenn Sie keine Selbstgespräche führen, wenn Sie nicht an die Dinge denken, die getan worden sind oder die getan werden müssen.

Indem Sie das alles vergessen, versuchen Sie doch einmal, in Kommunion mit einem Berg zu sein, mit einem Fluß, mit einem Menschen, mit einem Baum, mit der Bewegung des Lebens.

Das verlangt ein erstaunliches Gefühl der Stille, eine besondere Achtsamkeit — nicht Konzentration, sondern eine Achtsamkeit, die sich mühelos einstellt und von Wohlsein begleitet ist.

Nun würde ich mich an diesem Morgen mit Ihnen gerne eingehender über das verständigen, was wir neulich diskutiert haben. Wir sprachen über die Freiheit und ihre Beschaffenheit. Freiheit ist kein Ideal, etwas, das in weiter Ferne liegt; sie hat nichts mit den Vorstellungsbildern eines Menschen zu tun, der im Gefängnis sitzt; das alles wäre nur Theorie. Freiheit kann nur bestehen, wenn der Geist nicht länger durch irgendein Problem verkrüppelt wird, welcher Art es auch immer sein mag. Ein Geist, der Probleme hat, kann nie mit der Freiheit eines werden oder der außergewöhnlichen Natur der Freiheit gewahr sein.

Die meisten Menschen haben Probleme und finden sich notgedrungen mit ihnen ab; sie gewöhnen sich an ihre Probleme und nehmen sie als Teil ihres Lebens hin. Aber diese

Probleme werden nicht gelöst, indem wir sie annehmen oder uns an sie gewöhnen; man braucht nur an der Oberfläche zu ritzen, schon sind sie da und nagen ständig weiter. Die meisten Menschen leben in diesem Zustand, indem sie unaufhörlich ein Problem nach dem anderen, einen Kummer nach dem anderen hinnehmen. Sie leben in einem Gefühl der Enttäuschung, der Angst, der Verzweiflung, und sie akzeptieren es.

Nun, wenn wir Probleme bloß hinnehmen und mit ihnen leben, haben wir sie offensichtlich überhaupt nicht gelöst. Wir mögen sagen, daß sie vergessen sind oder daß es auf sie überhaupt nicht mehr ankommt; aber es kommt auf sie an, es kommt ungeheuer auf sie an, weil sie den Geist verderben, weil sie die Wahrnehmung entstellen und die Klarheit zerstören. Wenn wir ein Problem haben, so ergreift dieses Problem bei den meisten Menschen den ganzen Lebensraum. Es mag ein Geldproblem sein, ein sexuelles Problem oder das Problem mangelhafter Bildung oder des Wunsches nach Selbsterfüllung und nach Ruhm; was es auch sein mag — wir sind so mit diesem einen Problem beschäftigt, daß es uns ganz verzehrt, und wir glauben, daß wir von all unserer Not frei sein werden, wenn wir dieses Problem lösen. Aber solange ein enger, kleiner Geist versucht, sein eigenes besonderes Problem ohne Bezogenheit auf die Gesamtheit des Lebens zu lösen, kann er niemals frei von Problemen sein. Jedes Problem ist mit einem anderen Problem verbunden, und wenn Sie nur ein Problem aufgreifen und es als Teilstück zu lösen versuchen, ist das, was Sie da tun, völlig nutzlos. Es ist gerade so, als ob Sie eine Ecke eines Feldes kultivieren und glauben, daß Sie das ganze Feld bearbeitet haben. Sie müssen das ganze Feld kultivieren, Sie müssen auf jedes Problem schauen.

Wie ich neulich sagte, ist nicht die Lösung eines Problems wichtig, es kommt vielmehr darauf an, das Problem zu verstehen — wie schmerzlich, wie fordernd, wie drohend und bedrückend es auch sein mag. Ich bin weder dogmatisch noch anmaßend, aber mich dünkt, daß die Beschäftigung mit nur einem besonderen Problem einen sehr unbedeutenden, kleinen Geist verrät. Ein nichtiger, kleiner Geist aber, der ewig versucht, seines eigenen besonderen Problems Herr zu werden, kann niemals den Weg finden, der ihn aus den Problemen hinausführt. Er kann auf verschiedene Arten entfliehen, er kann verbittert werden, zynisch oder sich der Verzweiflung überlassen; aber er kann niemals das gesamte Existenzproblem verstehen.

So müssen wir denn, wenn wir uns mit Problemen befassen wollen, den gesamten Bereich einbeziehen, aus dem Probleme entstehen; wir dürfen uns nicht auf ein besonderes Problem beschränken. Jegliches Problem, wie verworren, wie fordernd oder bedrängend es auch sein mag, ist mit allen anderen Problemen verknüpft. Darum ist es wichtig, an jedes Problem nicht als Teilstück zu denken — und das zu tun ist eines der schwierigsten Dinge. Wenn wir ein Problem haben, das drängend, schmerzlich, hartnäckig ist, glauben die meisten von uns, daß wir es isoliert lösen müssen, ohne das gesamte Netzwerk der Probleme in Betracht zu ziehen. Wir denken an das Problem fragmentarisch; und ein fragmentarischer Geist ist in Wirklichkeit ein nichtiger Geist; er ist — wenn ich das Wort gebrauchen darf — ein bürgerlicher Geist. Bitte, ich möchte niemanden beleidigen, dieses Wort ist nicht herabsetzend gemeint; ich möchte damit nur andeuten, was der Mensch tatsächlich ist. Wer ein besonderes Problem isolieren möchte, ist ein mittelmäßiger Geist. Ein Mensch, der durch Eifersucht verzehrt wird, wünscht auf der Stelle zu handeln, etwas dagegen zu tun, entweder seine

Eifersucht zu unterdrücken oder sich zu rächen. Aber dieses besondere Problem ist sehr tief mit anderen Problemen verbunden; so müssen wir die gesamte Problematik betrachten und nicht nur einen Teil davon.

Wenn wir Probleme diskutieren, müsssen Sie sich darüber klar sein, daß wir nicht den Versuch machen, auf irgendein Problem eine Antwort zu finden. Wie ich bereits darauf hingewiesen habe, ist das Erforschen eines Problems nur mit der Absicht, eine Antwort zu finden, eine Flucht vor dem Problem. Diese Flucht mag tröstlich oder schmerzlich sein, sie mag eine gewisse intellektuelle Fähigkeit erfordern — aber was es auch immer sein mag: Es ist nur eine Flucht. Wenn wir vor der Aufgabe stehen, unsere Probleme zu lösen, wenn wir von ihnen frei sein wollen, erlöst von all den Bedrückungen, die sie mit sich bringen, so daß der Geist vollkommen ruhig ist und wahrnehmen kann — denn er kann nur in der Freiheit wahrnehmen —, dann darf unser Hauptanliegen nicht darin bestehen, ein Problem lösen zu wollen, sondern es zu verstehen. Ein Problem zu verstehen ist weit wichtiger als es zu lösen. Verständnis ist nicht die Fähigkeit oder Klugheit eines Menschen, der verschiedene Arten analytischen Wissens erworben hat und fähig ist, ein besonderes Problem zu analysieren; vielmehr befindet sich ein Mensch, der wirklich versteht, in Kommunion mit dem Problem. In Kommunion zu sein heißt nicht, mit dem Problem identifiziert zu sein. Um in Kommunion mit einem Baum zu sein, mit einem menschlichen Wesen, mit einem Fluß, mit der außerordentlichen Schönheit der Natur, muß eine gewisse Ruhe vorhanden sein, ein gewisses Gefühl der Abgeschiedenheit, des Entrücktseins von den Dingen.

Was wir hier zu tun versuchen, ist, zu lernen, wie wir mit dem Problem in Kommunion sein können. Aber verstehen

Kommunion

Sie die Schwierigkeit, die in dieser Erklärung liegt? Wenn Kommunion mit einem anderen besteht, gibt es kein "ichhaftes" Denken mehr. Wenn Sie in Kommunion mit einem geliebten Menschen sind, mit Ihrer Frau, mit Ihrem Kind, wenn Sie die Hand Ihres Freundes halten, in diesem Augenblick — wenn es nicht nur falsche Sentimentalität ist, eine Sinnesempfindung oder was man sonst noch mit Liebe bezeichnet, sondern wenn es etwas ganz anderes ist, etwas Vitales, Dynamisches, Reales —, in diesem Augenblick ist der gesamte Mechanismus des "Ich" mitsamt seinem Gedankenprozeß total verschwunden.

In Kommunion mit einem Problem zu sein, schließt gleichfalls eine vollkommene, nicht identifizierende Art des Betrachtens in sich. Ist es nicht so? Ihre Nerven, Ihr Gehirn, Ihr Körper — Ihr ganzes Wesen ist ruhig. In diesem Zustand können Sie das Problem ohne Identifizierung anschauen, und das ist der einzige Zustand, in dem ein Verständnis für das Problem möglich ist.

Sie wissen, daß der sogenannte Künstler einen Baum malen oder über den Baum ein Gedicht schreiben kann; aber ich frage mich, ob er wirklich mit dem Baum in Kommunion ist. In dem Zustand der Kommunion gibt es keine Interpretation, kein Gefühl für Kommunikation, kein Suchen nach einer Ausdrucksmöglichkeit. Ob Sie diese Kommunion in Worten, auf der Leinwand oder in Stein ausdrücken oder nicht, ist von sehr geringer Bedeutung; doch in dem Augenblick, da sie wünschen, es auszudrücken, darzustellen, zu verkaufen, berühmt zu werden und so weiter, beginnt der Eigendünkel.

Ein Problem vollkommen verstehen heißt mit ihm in Kommunion sein. Dann werden Sie finden, daß das Problem überhaupt nicht wichtig ist; wichtig ist allein der geistige Zustand, der eine Kommunion mit dem Problem ermöglicht. Ein solcher Geist erzeugt keine Probleme. Aber ein Mensch, der einer Kommunion mit den Problemen nicht fähig ist, der auf sich selbst zentriert und egoistisch ist, der sich darzustellen wünscht und was es sonst an solchen unreifen Dingen noch geben mag — es ist dieser nichtige Geist, der die Probleme schafft.

Wie ich neulich bereits sagte, müssen Sie, um das Problem — jegliches Problem — zu verstehen, den gesamten Prozeß des Wünschens durchdringen. Wir befinden uns psychologisch im Widerspruch mit uns selbst und sind damit widersprüchlich in unseren Handlungen. Wir denken eines und tun ein anderes. Wir leben in einem Zustand des inneren Widerspruchs, sonst würde es keine Probleme geben; und innerer Widerspruch ergibt sich, wenn wir das Wünschen nicht verstehen. Um ohne Konflikt irgendwelcher Art zu leben, muß man die Stuktur und das Wesen des Wunsches verstehen — wir dürfen ihn nicht unterdrücken, nicht kontrollieren, wir dürfen nicht versuchen, ihn zu zerstören oder in ihm schwelgen — wie es die meisten Menschen tun. Das bedeutet nicht, einzuschlafen, zu vegetieren und das Leben in seiner Entartung einfach hinzunehmen. Es bedeutet, daß man einsieht, daß Konflikt in jeder Form — sei es, daß wir mit unserer Frau oder unserem Mann streiten oder mit der Gemeinschaft und der Gesellschaft oder was es sonst sein mag —, den Geist degeneriert, ihn stumpf und unsensitiv macht.

Der Wunsch an sich ist ohne Widerspruch — es sind die Objekte des Wünschens und unsere Wunschreaktinen auf diese Objekte, die den Widerspruch hervorrufen. Der Wunsch hat nur dann Fortbestand, wenn sich das Denken mit diesem Wunsch identifiziert. Um zu beobachten, muß Sensitivität vorhanden sein; unsere Nerven, unsere Augen, unsere Ohren, unser ganzes Wesen muß lebendig sein, doch die Gedanken müssen sich ruhig verhalten. Dann kann man einen schönen Wagen anschauen, eine schöne Frau, ein herrliches Haus oder ein Gesicht, daß außerordentlich lebendig, intelligent ist — man kann all diese Dinge betrachten, sie sehen, wie sie sind, und damit hat es dann sein Bewenden. Aber was geschieht im allgemeinen? Da ist der Wunsch; und das Denken, das sich mit diesem Wunsch idenifiziert, gibt ihm Fortdauer.

Ich weiß nicht, ob ich mich klar genug ausdrücke. Wir werden über diesen Punkt ein wenig später diskutieren.

Worauf es ankommt, ist zu beobachten, ohne dabei dem Denken Einlaß zu gewähren. Nun machen Sie aus dieser Bemerkung kein Problem. Sagen Sie nicht, ,,Wie soll ich beobachten, wie soll ich sehen und fühlen, ohne daß ich den Gedanken erlaube sich einzumischen?''. Wenn Sie den gesamten Prozeß des Wünschens wahrnehmen und zugleich den Widerspruch sehen, der durch die Wunschobjekte hervorgerufen wird, und wenn Sie erkennen, wie die Gedanken dem Wunsch Fortdauer geben — wenn Sie diesen ganzen Mechanismus in seiner Arbeit sehen, dann werden Sie solche Fragen nicht mehr stellen.

Sie wissen, daß es, um Autofahren zu lernen, nicht genügt, sich darüber etwas erzählen zu lassen. Sie müssen am Steuerrad sitzen, den Wagen starten, auf die Bremse treten, den gesamten Ablauf des Fahrens erlernen. In der gleichen Art müssen Sie den außerordentlich empfindlichen Mechanismus des Denkens und Wünschens kennen und dürfen nicht nur darüber instruiert werden. Sie müssen darauf hinschauen, Sie müssen alles über ihn kennenlernen — und das erfordert, daß Sie sich auf diesen Prozeß mit großer Sensitivität einstellen.

So ist es also nicht wichtig, ein Problem zu lösen, sondern das Problem zu verstehen. Ein Problem taucht nur dann auf, wenn ein Widerspruch vorhanden ist, ein Konflikt; Konflikt aber schließt Anstrengung ein, nicht wahr? — die Anstrengung, etwas zu erreichen, die Anstrengung, etwas zu werden, die Anstrengung, dieses in jenes umzuändern, die Anstrengung, etwas an sich heranzuziehen und etwas anderes fortzustoßen. Diese Anstrengung hat ihren Ursprung im Wünschen — in dem Wunsch, dem der Gedanke Fortdauer gegeben hat. So müssen Sie alles über diesen Prozeß lernen — sie müssen lernen und dürfen sich nicht durch den Sprecher bloß darüber belehren lassen; das hätte überhaupt keinen Wert. Was Sie durch das Telefon hören, mag angenehm oder unangenehm sein; es mag wahr sein oder es mag töricht, vollkommen falsch sein; aber wichtig ist allein das, was Sie hören und nicht das Instrument. Die meisten von uns legen dem Instrument Bedeutung bei. Wir glauben, daß das Instrument uns etwas lehren wird, und ich habe ständig vor dieser besonderen Form des Stumpfsinns gewarnt.

Sie sind hier, um zu lernen; und Sie hören nicht bloß dem Sprecher zu, sondern auch sich selbst. Sie befinden sich in Kommunion mit Ihrem eigenen Geist; Sie beobachten, wie der Wunsch in Ihnen arbeitet und wie die Probleme entstehen. Sie werden vertraut mit sich selbst, und diese Vertrautheit kann nur dann tief empfunden werden, wenn Sie an das Problem sehr ruhig herangehen, ohne zu sagen, "Ich muß diese scheußliche Sache bereinigen", und ohne sich darüber zu beunruhigen oder aufzuregen. Sie finden dann heraus, wie ein Problem entsteht und wie das Denken das Problem fortbestehen läßt, indem es einem bestimmten Wunsch Fortdauer gibt. So lernen wir alles über die Entstehung eines Problems und über seine Auflösung - nicht, indem wir uns Zeit lassen, um darüber nachzudenken, sondern indem wir es sofort beendigen.

Was für ein Problem es auch sein mag, es ist immer der Gedanke, der ihm Fortdauer gibt. Wenn Sie mir etwas Liebenswürdiges sagen, dann identifiziert sich der Gedanke mit diesem Angenehmen und wünscht, mit diesem Gefühl weiterzuleben; darum betrachte ich Sie als meinen Freund und bin gern mit Ihnen zusammen. Aber wenn Sie etwas sagen, das mich beleidigt, was geschieht dann? Wieder gebe ich auch diesem Gefühl Fortdauer, indem sich meine Gedanken damit beschäftigen. Was Sie gesagt haben, mag wahr sein, aber es gefällt mir nicht, und darum meide ich Sie, und ich möchte mit Ihnen nichts mehr zu tun haben. Das ist der Mechanismus, der die Probleme schafft und sie weiterbestehen läßt.

Ich denke, das ist jetzt einigermaßen klar. Indem wir beständig über etwas nachdenken, geben wir ihm Fortdauer. Sie kennen das ganze ungereimte Zeug, das Sie über sich selbst und über Ihre Familie denken, all die angenehmen Erinnerungen und die Illusionen, die Sie über sich haben - Sie denken unaufhörlich über all diese Dinge nach, und dadurch bestehen sie ununterbrochen weiter. Nun, wenn Sie diesen ganzen Prozeß zu verstehen beginnen und von sich aus lernen, die Zusammenhänge zu durchschauen, dann können Sie mit einem Problem im Augenblick seines Entstehens in vollkommener Kommunion sein, weil sich das Denken nicht einmischt; und damit endet dieses Problem sofort. Folgen Sie mir?

Bitte geben Sie acht! Lassen Sie uns ein sehr allgemeines Problem aufgreifen: den Wunsch nach Sicherheit. Die meisten von uns wünschen gesichert zu sein - das ist einer der animalistischen Wünsche der menschlichen Wesen. Es liegt auf der Hand, daß Sie eine gewisse Sicherheit im physischen Sinne haben müssen. Sie benötigen einen Raum, um darin zu wohnen, und Sie müssen wissen, wo Sie Ihre nächste Mahlzeit bekommen werden - es sei denn, daß Sie im Osten leben, wo Sie die physische Ungesichertheit auf die leichte Schulter nehmen können, von Dorf zu Dorf wandern und ähnliche Dinge treiben. Glücklicherweise oder unglücklicherweise können Sie das hier nicht tun. Wenn Sie es täten, würden Sie wegen Landstreicherei ins Gefängnis kommen oder sonstwie belangt werden.

Im Tier, im Säugling, im Kinde ist der Drang nach physischer Sicherheit sehr stark; und die meisten Menschen verlangen nach psychologischer Sicherheit. In allem, was wir tun, denken und fühlen, wollen wir geschützt und sicher sein. Aus diesem Grunde sind wir so voller Wetteifer, sind wir eifersüchtig, gierig, neidisch, brutal; aus diesem Grunde sind wir so sehr mit Dingen beschäftigt, auf die es überhaupt nicht ankommt. Dieses hartnäckige Verlangen nach psychologischer Sicherheit besteht seit Millionen von Jahren, und wir sind diesem Verlangen niemals auf den Grund gegangen. Wir haben es als selbstverständlich betrachtet, daß wir psychologische Sicherheit haben müssen - in unserer Beziehung zur Familie, zu unserer Frau oder unserem Mann, zu unseren Kindern, zu unserem Besitz und zu dem, was wir Gott nennen. Wir müssen Sicherheit haben, koste es was es wolle.

Nun, ich wünsche jetzt mit diesem Verlangen nach psychologischer Sicherheit in Kommunion zu sein, denn es ist ein wirkliches Problem. Verstehen Sie? Sich psychologisch nicht sicher zu fühlen, bedeutet für die meisten Menschen, die Fassung zu verlieren oder neurotisch und absonderlich zu werden. Sie können diesen eigentümlichen Ausdruck in den Gesichtern vieler Menschen sehen. - Ich wünsche nun, die Wahrheit in dieser Sache herauszufinden; ich möchte dieses ganze Verlangen nach Sicherheit verstehen; denn es ist ja der Wunsch, in unseren Beziehungen gesichert zu sein, der die Eifersucht, die Angst, den Haß und das Elend erzeugt, darin die meisten von uns leben. Und da der Mensch seit so vielen Millionen von Jahren nach Sicherheit verlangt hat, wie soll er, der so eingeengt ist, die Wahrheit über die Sicherheit herausfinden? Um diese Wahrheit zu finden, muß ich ohne Zweifel in vollkommener Kommunion mit der Sache sein.

Ich kann mir darüber nichts von einem anderen sagen lassen — das wäre zu töricht. Ich muß es selbst erfahren. Ich muß es erforschen, es herausfinden; ich muß in vollkommener Vertrautheit mit diesem Verlangen nach Sicherheit sein, sonst werde ich nie wissen, ob es so etwas wie Sicherheit gibt oder nicht. Das ist wahrscheinlich für die meisten Menschen das Hauptproblem. Wenn ich entdecke, daß es überhaupt keine Sicherheit gibt, dann gibt es auch kein Problem, nicht wahr? Dann stehe ich außerhalb des Kampfes um Sicherheit, und damit ist mein Handeln innerhalb meiner Umwelt ein völlig anderes. Wenn meine Frau davonlaufen will, mag sie es tun, und ich mache keine Affäre daraus; ich hasse niemanden, ich werde nicht eifersüchtig, neidisch, wütend und dergleichen mehr.

Ich sehe, daß Ihre Aufmerksamkeit jetzt sehr intensiv ist — gut! Sie sind mit diesen Dingen des Lebens weit vertrauter als ich. — Ich persönlich wünsche nun nicht mehr, aus der

Frage der Sicherheit ein Problem zu machen. Ich habe nicht den Wunsch, in meinem Leben überhaupt ein Problem *irgendeiner* Art zu schaffen — sei es ein wirtschaftliches, soziales, psychologisches oder ein sogenanntes religiöses. Ich sehe sehr deutlich, daß ein Mensch, der Probleme hat, stumpf, unsensitiv geworden ist und daß nur ein hochsensitiver Mensch intelligent ist. Und weil dieser Schrei nach Sicherheit so tief und ständig in jedem von uns forthallt, möchte ich die Wahrheit über die Sicherheit entdecken. Aber es ist eine sehr schwere Aufgabe, das zu erforschen, weil wir nicht nur von Kindheit an, sondern seit Anbeginn der Zeiten immer den Wunsch hatten, geschützt zu sein — gesichert zu sein in unserer Arbeit, in unserem Denken und Fühlen, in unserem Glauben und unseren Göttern, in unserer Nation, in unserer Familie und in unserem Besitz. Aus diesem Grunde spielt die Erinnerung, die Tradition, der gesamte Hintergrund der Vergangenheit in unserem Leben eine so außerordentlich wichtige Rolle.

Nun, jede Erfahrung verstärkt meinen Sinn für Sicherheit. Verstehen Sie das? Jede Erfahrung wird in der Erinnerung festgehalten, wird dem Speicher der früheren Erfahrungen hinzugefügt. Diese angehäufte Erfahrung wird für die Dauer meines Lebens zu einem permanenten Hintergrund, und dieser Hintergrund bestimmt meine weiteren Erfahrungen. Auf diese Weise wird jede künftige Erfahrung diesem Untergrund der Erinnerung, durch den ich mich ungefährdet und sicher fühle, hinzugefügt und verstärkt ihn. Folgen Sie mir? — Darum muß ich dieses ganzen ungewöhnlichen Prozesses meines Bedingtseins gewahr sein.

Es handelt sich nicht darum, wie ich mich von meinem Bedingtsein befreie, sondern wie ich damit in Kommunion sein kann — von Augenblick zu Augenblick. Dann kann ich auf

Kommunion 53

den Wunsch nach Sicherheit schauen, ohne daraus ein Problem zu machen.

Ist das so weit klar? Möchten Sie zu diesem Punkt Fragen stellen?

Es gibt keine Kommunion, weil der Geist durch das "Ich" belastet ist.

Mein Herr, ich frage Sie etwas. Ich frage Sie: Was ist Kommunion? Nun, was geschieht, wenn Sie diese Frage hören? Der gesamte Mechanismus Ihres beengten Geistes beginnt zu arbeiten, und Sie beantworten die Frage. Aber Sie haben auf die Frage nicht wirklich hingehört. Sie mögen darüber zuvor nachgedacht haben oder auch nicht. Sie mögen sich darüber gelegentlich Gedanken gemacht haben; oder vielleicht haben Sie in diesem oder jenem Buch darüber gelesen, und Sie wiederholen, was Sie gelesen haben. Aber Sie *hören* nicht zu. Wenn der Sprecher zu Ihnen sagt: ,,Versuchen Sie, mit einem Baum in Kommunion zu sein'', müssen Sie sicherlich — wenn Sie überhaupt interessiert sind — zuerst herausfinden, was das bedeutet. Gehen Sie hin und setzen Sie sich unter einen Baum oder an den Fluß oder in den Schatten eines Berges, oder schauen Sie auf Ihre Frau, auf Ihr Kind. Was bedeutet es, in Kommunion zu sein? Es bedeutet, daß da keine Schranke des Denkens zwischen dem Betrachter und dem Gegenstand der Betrachtung ist.

Der Betrachter identifiziert sich nicht mit dem Baum, mit der Person, mit dem Fluß, mit dem Berg, mit dem Himmel. Es ist einfach keine Schranke mehr da. Wenn da ein ''Du'' mit seinen komplexen Gedanken und Ängsten vorhanden ist, das den Baum betrachtet, dann besteht keine Kommunion mit dem Baum. In der Kommunion mit einem Menschen oder einem Ding zu sein, verlangt Raum, verlangt Schweigen. Ihr Körper, Ihre Nerven, Ihr Geist, Ihr Herz, Ihr ganzes Wesen muß ruhig sein, vollkommen still. Sagen Sie nicht: ,,Wie soll ich still sein?" Machen Sie das Schweigen nicht zu einem anderen Problem. Sehen Sie nur, daß es keine Kommunion gibt, wenn der Gedankenmechanismus arbeitet — was nicht bedeutet, daß Sie einschlafen!

Wahrscheinlich haben Sie das nie getan. Sie waren nie in Kommunion mit Ihrer Frau oder Ihrem Mann, mit dem Sie schlafen, atmen, essen, Kinder haben und was es da sonst noch geben mag. Wahrscheinlich sind Sie auch nie in Kommunion mit sich selbst gewesen. Wenn Sie ein Katholik sind, gehen Sie in die Kirche und empfangen das, was man Kommunion zu nennen pflegt; aber das ist keine. All diese Dinge sind unreif.

Wenn wir auf diese Weise über Kommunion mit der Natur, den Bergen, den Menschen sprechen, wissen die meisten von uns nicht, was es bedeutet, und so versuchen wir, es uns vorzustellen. Folgen Sie mir? — Wir grübeln darüber und sagen, es ist das "Ich", das die Kommunion verhindert. Um Himmelswillen, machen Sie aus der Kommunion kein neues Problem! Sie haben bereits genug Probleme, darum hören Sie einfach nur zu. Sie befinden sich mit mir in Kommunion, und ich bin mit Ihnen in Kommunion. Ich sage Ihnen etwas, und um es zu verstehen, müssen Sie zuhören. Aber Zuhören bedeutet anstrengungslose Aufmerksamkeit, in der Sie Ihre Nerven ausruhen lassen; es bedeutet nicht, daß Sie sagen, ,,Ich muß zuhören", wodurch Sie sich nur antreiben und Ihre Nerven anspannen. Es bedeutet, daß Sie gelöst, mühelos, schweigend zuhören, so daß Sie herausfinden, was

Kommunion

der Sprecher Ihnen vermitteln möchte. Worüber er spricht, das mag völliger Unsinn sein, oder es mag etwas Wahres daran sein, und Sie müssen zuhören, um es herauszufinden — aber das scheint eine Ihrer größten Schwierigkeiten zu sein. Sie hören nicht wirklich zu. In Ihrem Geist argumentieren Sie mit mir und errichten eine Barriere von Worten.

Ich sage, daß es allein wichtig ist zu lernen, wie man mit sich selbst in einer wohltuenden, glücklichen Art in Kommunion sein kann, so daß Sie all den kleinen Regungen Ihres eigenen Denkens und Fühlens folgen können, so wie Sie etwa diesem Fluß folgen würden. Betrachten Sie jede Regung des Denkens, jede Gefühlsregung ohne den Versuch, sie zu korrigieren, ohne zu sagen, sie sind gut oder schlecht, ohne all diese törichten bürgerlichen Urteile eines nichtigen, kleinen Geistes. Beobachten Sie einfach, und indem Sie beobachten, ohne sich mit irgendeinem angenehmen oder unangenehmen Gedanken oder Gefühl zu identifizieren, werden Sie erkennen, daß Sie in Kommunion mit sich selbst sein können.

Die meisten von uns wollen psychologisch gesichert sein. Wir bestehen darauf, und aus diesem Grunde wird die Familie zu einem Alpdruck. Sie wird etwas Schreckliches, weil wir sie als Mittel für unsere eigene Sicherheit benutzen. Dann ist es die Nation, die uns das Gefühl der Sicherheit gibt, und wir gehen durch diesen ganzen geistlosen nationalistischen Unsinn. Mit der Familie hat es schon seine Richtigkeit; aber wenn wir sie als Mittel gebrauchen, um uns sicher zu fühlen, wird sie zu einem tödlichen Gift.

Um die Wahrheit über die Sicherheit herauszufinden, müssen Sie in Kommunion mit dem tief verwurzelten Wunsch nach Sicherheit sein, der sich ständig in den verschiedensten Formen wiederholt. Sie suchen nicht nur in der Familie Sicherheit, sondern auch in Ihren Erinnerungen und in der Bevormundung oder Beeinflußung eines anderen. Sie wenden sich der Erinnerung an irgendeine Erfahrung oder Beziehung zu, die Sie befriedigte, die Ihnen Hoffnung und Zuversicht gab, und zu dieser Erinnerung nehmen Sie Zuflucht. Es gibt eine Sicherheit, die in der Klugheit und dem Wissen liegt; es gibt die Sicherheit durch Namen und Stellung. Und es gibt eine Sicherheit als Folge gewisser Fähigkeiten: Sie können malen oder Geige spielen oder etwas anderes tun, das Ihnen ein Gefühl der Sicherheit verschafft.

Nun, wenn Sie einmal in Kommunion mit dem Wunsch sind, der Sie dazu treibt, Sicherheit zu suchen, und Sie dann erkennen, daß es dieser Wunsch ist, der den Widerspruch hervorruft, weil nichts auf Erden je sicher ist, Sie selbst einbegriffen — wenn Sie das herausgefunden haben und man Ihnen darüber nicht nur erzählt hat, wenn Sie dieses Problem vollkommen gelöst haben, dann sind Sie diesem ganzen Bereich des Widerspruchs entronnen und damit frei von Furcht.

Ich weiß nicht, ob Sie jemals innerlich schweigen. — Wenn Sie die Straße hinuntergehen, ist der Geist vollkommen still, betrachtend und lauschend, ohne Gedanken. Wenn Sie Auto fahren, schauen Sie auf die Landstraße, auf die Bäume, auf die vorbeifahrenden Wagen — Sie nehmen nur wahr ohne Rückerinnerung, ohne daß der ganze Mechanismus des Denkens zu arbeiten beginnt. Je mehr der Gedankenmechanismus arbeitet, um so mehr wird der Geist verbraucht; er läßt keinen Raum mehr frei für die Unschuld, und es ist nur der unschuldige Geist, der die Wahrheit sehen kann.

Mutation

Wie ich es sehe, besteht ein großer Unterschied zwischen Verwandlung und Mutation. Bloße Verwandlung wird nirgendwo hinführen. Man kann oberflächlich anpassungsfähig werden, man kann ein großes Geschick darin erwerben, sich den verschiedenen äußeren Lebensbedingungen, den gesellschaftlichen Verhältnissen und anderen Formen des inneren und äußeren Zwanges anzupassen; aber Mutation verlangt einen ganz anderen Zustand des Geistes, und an diesem Morgen würde ich gerne den Unterschied zwischen diesen beiden klarmachen.

Verwandlung bedeutet Veränderung, Reform, den Austausch einer Sache gegen eine andere. Verwandlung schließt einen Willensakt ein, bewußt oder unbewußt. Und wenn wir die Verwirrung, die Hungersnot, die Unterdrückung, das entsetzliche Elend betrachten, das sich über den weiten Bereich des unterentwickelten Asien erstreckt, muß da offensichtlich ein radikaler revolutionärer Wandel stattfinden. Es darf nicht nur eine physische oder wirtschaftliche Veränderung, sondern es muß auch eine psychologische sein — eine Verwandlung auf allen Ebenen des Seins, den äußeren wie inneren. Nur so läßt sich eine bessere Existenz für den Menschen schaffen. Ich glaube, das ist ziemlich klar, so daß es selbst der Konservativste akzeptiert. Aber selbst dann, wenn wir diese offensichtliche Tatsache anerkennen, fürchte ich, daß die meisten von uns nicht sehr tief in die Frage eingedrungen sind, was denn Wandlung eigentlich bedeutet.

Können Anpassung, Ersatzmittel, Reformen wirklich in die Tiefe dringen, oder sind sie nur ein oberflächliches Glätten, eine Säuberung der Moral in den menschlichen Beziehungen? Ich glaube, wir sollten weitgehend und gründlich verstehen, was dieser Prozeß der Wandlung in sich schließt, bevor wir auf die Frage der Mutation eingehen.

Obgleich Verwandlung notwendig ist, ist sie für mich immer oberflächlich. Ich verstehe unter Verwandlung eine Bewegung, die durch den Wunsch oder den Willen hervorgebracht wird, eine Initiative, die sich auf eine bestimmte Richtung, auf eine klar umrissene Haltung oder Handlung konzentriert. Jede Wandlung hat offensichtlich ein Motiv hinter sich. Der Beweggrund mag persönlicher oder kollektiver Natur sein, er mag klar und deutlich oder hintergründig sein; er mag ein edles, hochherziges Motiv sein oder ein solches der Furcht und Verzweiflung; aber was auch immer die Natur des Motivs sein mag, auf welcher Ebene es liegen mag, die Initiative oder Bewegung, die aus solchem Motiv entspringt, bringt eine gewisse Wandlung hervor. Ich glaube, das ist ziemlich klar. Die meisten Menschen — als Einzelwesen oder als Kollektiv — sind sehr zugänglich dafür, ihre Haltung durch Beeinflussung und unter Zwang zu modifizieren. Das gleiche gilt, wenn irgendeine neue Erfindung gemacht wird, die unser Leben direkt oder indirekt berührt. Wir können durch einen Zeitungsartikel oder durch Propaganda für eine Idee dazu gebracht weden, unsere Gedanken zu ändern, sie nach einer anderen Seite hin auszurichten.

Die organisierten Religionen legen Gewicht darauf, uns von Kindheit an in einer bestimmten Glaubensform zu erziehen, wodurch sie den Geist so einengen, daß für unser weiteres Leben jede Wandlung, die wir durchmachen, im großen und ganzen innerhalb der modifizierten Grenzen dieses Glaubens bleibt.

Mutation

So verwandeln sich nur sehr wenige von uns, es sei denn durch ein Motiv. Das Motiv mag altruistischer oder persönlicher Art sein, begrenzt oder weit; es mag aus der Furcht kommen, eine Belohnung zu verlieren oder einen verheißenen zukünftigen Zustand nicht zu erreichen. Man opfert sich für das Kollektiv, für den Staat, für eine Ideologie oder für eine besondere Form des Gottesglaubens. Das alles schließt eine gewisse Wandlung ein, die bewußt oder unbewußt zuwege gebracht wird.

Nun, was wir Verwandlung nennen, ist eine modifizierte Fortdauer dessen, was gewesen ist, und in dieser sogenannten Verwandlung haben wir es sehr weit gebracht. Wir machen beständig neue Entdeckungen — in der Physik, Wissenschaft, Mathematik; wir erfinden neue Dinge, bereiten uns vor, auf andere Planeten zu fliegen und so fort, und so fort. Auf bestimmten Gebieten erlangen wir außerordentliche Kenntnisse und sind bestens unterrichtet; und in dieser Art der Umwandlung liegt für uns die Fähigkeit, uns der neuen Umwelt, dem uns auferlegten Zwang anzupassen. Aber soll das alles sein? — Man nimmt wohl die Begleiterscheinungen dieser oberflächlichen Form der Verwandlung wahr; zugleich aber weiß man innerlich, untrüglich, daß eine radiale Veränderung erforderlich ist — eine Verwandlung, die nicht durch irgendein Motiv hervorgebracht wird, die nicht das Resultat irgendeines Zwanges ist. Man erkennt, daß an der tiefsten Wurzel des Geistes eine Mutation notwendig ist, anderenfalls wir nur ein Haufen kluger Affen sind, mit außerordentlichen Fähigkeiten — wir sind überhaupt nicht wirklich menschliche Wesen.

Was soll man nun tun, wenn man das alles in seiner ganzen Tiefe in sich selbst erkennt? Man sieht ein, daß eine revolutionäre Verwandlung, eine vollkommene Mutation direkt an der Wurzel unseres Wesens notwendig ist; sonst werden sich sowohl unsere wirtschaftlichen wie sozialen Probleme unvermeidlich vermehren und immer bedrohlicher werden. Ein neuer, frischer Geist ist erforderlich — und darum muß unser Bewußtsein auf allen Ebenen von einer Mutation ergriffen werden, die nicht durch einen Willensakt hervorgebracht wird und die daher kein Motiv hat.

Ich weiß nicht, ob ich mich klar genug ausdrücke.

Wenn man die Notwendigkeit einer Verwandlung einsieht, kann man den Willen einsetzen, um sie hervorzubringen. Dieser Wille ist der Wunsch, der durch Zielstrebigkeit in eine bestimmte Richtung gedrängt wird und der durch das Denken, durch die Furcht, durch eine Revolte in Gang gesetzt wird. Aber jede derartige Wandlung, die durch Handlungen des Wünschens und Wollens hervorgebracht wird, bleibt weiterhin begrenzt. Sie ist eine modifizierte Fortdauer dessen, was gewesen ist, wie man es an den Vorgängen in der kommunistischen Welt und auch in den kapitalistischen Ländern sehen kann. Darum muß eine außerordentliche Revolution, eine psychologische Revolution in der menschlichen Existenz, im Menschen selbst geschehen. Wenn der Mensch aber ein Ziel hat, wenn seine Revolution eine geplante ist, dann bleibt sie innerhalb der Grenzen des Bekannten, und damit ist sie keine wahre Verwandlung.

Schauen Sie! Ich kann mich selbst verwandeln, ich kann mich zwingen, in einer anderen Art zu denken, eine andere Glaubensrichtung anzunehmen. Ich kann eine bestimmte Gewohnheit aufgeben, ich kann mich vom Nationalismus frei machen, ich kann mein Denken umstellen, ich kann sogar eine Gehirnwäsche an mir vollziehen, anstatt sie durch eine Partei oder eine Kirche vornehmen zu lassen. Solche

Veränderungen in mir sind ziemlich leicht zu bewerkstelligen. Ich sehe jedoch die völlige Nutzlosigkeit eines solchen Tuns ein, weil es oberflächlich ist und nicht zu einem tiefen Verständnis führt, von dem aus man leben, sein und wirken kann. Was also soll man tun?

Wenn ich eine Anstrengung mache, um mich zu verwandeln, hat diese Anstrengung ein Motiv, und das bedeutet, daß der Wunsch eine Bewegung in bestimmter Richtung einleitet. Das ist eine Willenshandlung, und darum ist jede Verwandlung, die durch sie hervorgebracht wird, nur eine Modifizierung — sie ist tatsächlich überhaupt keine Verwandlung.

Ich sehe sehr deutlich, daß ich mich verwandeln muß und daß diese Verwandlung ohne Anstrengung geschehen muß. Jede Anstrengung, sich zu verwandeln, macht sich selbst zunichte, weil sie eine Handlung des Wünschens, des Wollens nach einer vorher festgelegten Norm, Formel oder Vorstellung in sich schließt. Was also soll man tun?

Ich weiß nicht, ob Sie in der gleichen Weise wie ich empfinden, wie außerordentlich interessant das alles ist, nicht nur intellektuell, sondern als vitaler Faktor in Ihrem eigenen Leben. Seit Millionen von Jahren hat sich der Mensch unaufhörlich angestrengt, um sich zu verwandeln, und doch ist er immer noch Gefangener seines Elends, der Verzweiflung, der Furcht — und nur gelegentlich hat er einen Lichtblick der Freude und des Entzückens. Und wie kann dieses Wesen, das so schwer und seit so langer Zeit belastet ist, seine Bürde ohne Anstrengung von sich werfen? Das ist die Frage, die wir uns stellen. Aber das Vonsichwerfen der Last darf nicht zu einem neuen Problem werden, weil — worauf ich neulich bereits hinwies — ein Problem entsteht, wenn wir etwas nicht begreifen, wenn wir nicht die Fähigkeit haben, einer Sache auf den Grund zu gehen und sie aufzuheben.

Um diese Mutation hervorzubringen — nicht, "hervorzubringen", das ist das falsche Wort. Es muß sich eine Mutation *ereignen* — und das muß *jetzt* geschehen. Wenn Sie den Zeitfaktor in die Mutation einfügen, dann erzeugt Zeit das Problem. Es gibt kein Morgen, es gibt überhaupt keine Zeit, in deren Ablauf ich mich wandele — Zeit, die Denken ist. Es geschieht jetzt oder nie. Verstehen Sie?

Ich erkenne die Notwendigkeit dieser radikalen Verwandlung, die in mir als einem menschlichen Wesen, als einem Teil der ganzen menschlichen Rasse geschehen muß, und ich erkenne auch, daß Zeit, die das Denken ist, darin überhaupt nicht als Faktor existieren darf. Das Denken kann dieses Psroblem nicht lösen. Ich habe das Denken seit Tausenden und aber Tausenden von Jahren angewandt, und dennoch habe ich mich nicht verwandelt. Ich lebe weiter mit meinen Gewohnheiten, meiner Gier, meinem Neid, meinen Ängsten — und ich bleibe unverändert ein Gefangener dieser auf Wettbewerb beruhenden Existenzschablone. Es ist das Denken, das die Schablone geschaffen hat; und das Denken kann unter keinen Umständen diese Norm ändern, ohne zugleich eine andere zu schaffen — das Denken, das Zeit ist. So darf ich mich nicht um das Denken, nicht um die Zeit kümmern, um eine Mutation, eine radikale Verwandlung herbeizuführen. Der Wille darf nicht gebraucht werden; dem Denken darf nicht gestattet werden, auf die Verwandlung Einfluß zu nehmen.

Was ist da noch übriggeblieben? Ich sehe, daß der Wunsch, der zugleich der Wille ist, keine wirkliche Mutation in mir hervorbringen kann. Der Mensch hat seit Jahrhunderten damit gespielt, und es hat keine fundamentale Verwandlung in ihm bewirkt. Er hat auch das Denken als ein Instrument benutzt, um damit eine Verwandlung hervorzubringen — das Denken als Zeit, das Denken als das Morgen mit all seinem Verlangen, seinen Einbildungen, Zwängen, Einflüssen —, und wiederum wurde dadurch keine radikale Transformation herbeigeführt. Was also soll man tun?

Nun, wenn man den Willen in seinem ganzen Gefüge und in seiner Tendenz verstanden hat, dann wird er überhaupt nicht mehr wirksam; und wenn man sieht, daß der Gebrauch des Denkens oder der Zeit als eines Instrumentes der Wandlung nur ein Hinausschieben ist, dann hört auch der Gedankenprozeß auf.

Aber was meinen wir damit, wenn wir sagen, daß wir etwas einsehen oder verstehen? Ist Verständnis nur intellektuell, verbal, oder bedeutet es, daß wir etwas als eine Tatsache sehen? Ich mag sagen, daß ich verstehe — aber das Wort ist nicht die Sache. Das intellektuelle Verständnis eines Problems ist nicht die Lösung dieses Problems. Wenn wir etwas nur dem Worte nach verstehen — und das nennen wir intellektuelles Verständnis —, dann gewinnt das Wort eine enorme Bedeutung. Wenn hingegen ein wirkliches Verständnis da ist, ist das Wort überhaupt nicht mehr wichtig, es ist nur noch ein Mittel der Verständigung. Es besteht dann ein unmittelbarer Kontakt mit der Realität, mit der Tatsache. Wenn wir es als eine Tatsache erkennen, daß der Wille völlig wirkungslos ist, um diese radikale Transformation hervorzubringen, und daß Gedanke oder Zeit in dieser Hinsicht ebenso unbrauchbar sind, dann hat der Geist — nachdem das ganze Gefüge des Willens und Denkens verworfen wurde — kein Werkzeug mehr, mit dem er eine Handlung in Gang setzen kann.

Nun, so weit sind Sie und ich durch die Worte zu einer Verständigung gekommen, und vielleicht haben wir auch eine gewisse Kommunion zwischen uns hergestellt. Aber bevor wir weitergehen, halte ich es für wichtig zu verstehen, was Kommunion bedeutet.

Wenn Sie je für sich unter den Bäumen eines Waldes oder am Ufer eines Flusses entlang gegangen sind und wenn Sie die Ruhe empfunden haben, wenn Sie das Gefühl hatten, vollkommen mit jeglichem Ding zu leben — mit den Felsen, mit den Blumen, mit dem Fluß, mit den Bäumen, mit dem Himmel —, dann werden Sie wissen, was Kommunion ist. Das "Du" — mit seinen Gedanken, seinen Ängsten, seinen Vergnügungen, seinem Gedächtnis, seinen Erinnerungen, seiner Verzweiflung — hat vollkommen aufgehört. Es gibt kein "Du" als Beobachter abseits von dem beobachteten Gegenstand; da ist nur jener Zustand vollkommener Kommunion — und den, so hoffe ich, haben wir hier geschaffen. Es ist kein hypnotischer Zustand — der Sprecher hypnotisiert Sie nicht da hinein. Er hat bestimmte Dinge sehr sorgfältig mit Worten erklärt. Aber es gibt noch etwas mehr, das nicht mit Worten erklärt werden kann. Bis zu einem bestimmten Punkt können Sie durch Worte, die der Sprecher gebraucht, unterrichtet werden, aber zur gleichen Zeit müssen Sie sich dessen bewußt sein, daß das Wort nicht das Ding ist und daß dem Wort nicht erlaubt werden darf, auf Ihre eigene, unmittelbare Wahrnehmung der Tatsache störend einzuwirken.

Wenn Sie eines sind mit einem Baum — wenn Sie es je sind —, ist Ihr Geist nicht mit der besonderen Gattung dieses

Baumes beschäftigt oder etwa damit, ob er nutzbringend ist oder nicht. Sie befinden sich in unmittelbarer Kommunion mit dem Baum. Gleicherweise müssen wir diesen Zustand der Kommunion zwischen Ihnen und dem Sprecher herstellen, denn das, was nun kommt, ist, wenn man darüber sprechen will, eines der schwierigsten Dinge.

So hat also, wie ich sagte, die Willenshandlung, die Tätigkeit des zeitgebundenen Denkens und die Bewegung, die durch irgendeinen Einfluß oder Zwang eingeleitet wird, ein Ende genommen. Und damit ist der Geist — der dieses alles nicht verbal betrachtet und verstanden hat — vollkommen ruhig. Er ist — bewußt oder unbewußt — nicht mehr der Initiator irgendeiner Bewegung. Und auch in dieses Problem müssen wir eingedrungen sein, bevor wir ein wenig weitergehen können.

Bewußt mögen Sie nicht mehr den Wunsch haben, in Ihren Handlungen irgendeine bestimmte Richtung einzuschlagen, weil Sie die Nutzlosigkeit jeder kalkulierten Verwandlung, wie sie bei den Kommunisten bis hin zu den reaktionärsten Konservativen zu beobachten ist, erkannt haben. Sie sehen, wie töricht das alles ist. Aber im Innern ruht unbewußt die gewaltige Last der Vergangenheit, die Sie in eine bestimmte Richtung drängt. Sie sind typisiert als Europäer, als Christ, als Wissenschaftler, als Mathematiker, als Künstler, als Techniker; Sie sind bedingt durch eine tausendjährige Tradition, die von der Kirche sehr umsichtig ausgenutzt wurde, indem sie dem Unbewußten bestimmte Glaubenssätze und Dogmen eingeimpft hat. Sie mögen das alles bewußt verwerfen, aber unbewußt ist die Last der Vergangenheit noch in Ihnen. Sie sind noch immer ein Christ, ein Engländer, ein Deutscher, ein Italiener, ein Franzose. Sie werden weiterhin durch nationale, wirtschaftliche und familiäre Interessen und durch die Traditionen der Rasse, der Sie angehören, beherrscht; und wenn es sich dabei um eine sehr, sehr alte Rasse handelt, ist deren Einfluß um so größer.

Nun, wie kann man das alles hinwegfegen? Wie kann das Unbewußte augenblicklich von der Vergangenheit gereinigt werden? Die Analytiker glauben, daß das Unbewußte teilweise oder sogar vollkommen durch die Analyse befreit werden kann — durch Untersuchung, Erklärung, Beichte, durch Interpretation von Träumen und so fort —, so daß Sie zumindest ein "normales" menschliches Wesen werden, das fähig ist, sich der gegenwärtigen Umwelt anzupassen. Aber in der Analyse gibt es immer den Analytiker und den Analysierten, einen Beobachter, der die beobachteten Dinge interpretiert — womit eine Dualität, eine Quelle des Konflikts gegeben ist.

So erkenne ich, daß die bloße Analyse des Unbewußten nirgendwo hinführen wird. Sie mag mir dazu verhelfen, etwas weniger neurotisch, ein wenig freundlicher zu meiner Frau, zu meinem Nachbarn zu sein — darin und in ähnlichen oberflächlichen Dingen mag sie hilfreich sein. Aber darüber sprechen wir nicht. Ich sehe, daß der analytische Prozeß — der Zeit, Interpretation, den Gedankenprozeß in sich schließt, durch den der Beobachtende den beobachteten Gegenstand analysiert — das Unbewußte nicht frei machen kann. Darum lehne ich den analytischen Prozeß vollkommen ab. In dem Augenblick, da ich die Tatsache wahrnehme, daß Analyse unter keinen Umständen die Last des Unbewußten hinwegläutern kann, bin ich von der Analyse frei. Ich analysiere dann nicht mehr. Was hat sich da ereignet?

Weil kein Analysierender mehr existiert, der getrennt ist von der Tatsache, die er analysiert, ist er diese Sache; er ist nicht ein Wesen, das abseits davon steht. Dann entdeckt man, daß das Unbewußte von sehr geringer Bedeutung ist. Folgen Sie?

Ich habe darauf hingewiesen, wie trivial das Bewußte mit seinem oberfächlichen Tun, seinem unaufhörlichen Geschwätz ist; und das Unbewußte ist gleichfalls sehr trivial. Das Unbewußte wie auch das Bewußte erlangt nur dann Bedeutung, wenn ihm das Denken Fortdauer gibt. Das Denken hat seine Berechtigung, es ist in technischen und ähnlichen Dingen nützlich; aber das Denken ist für eine radikale Transformation völlig wertlos. Wenn ich sehe, wie der Gedanke Fortdauer erzeugt, dann gibt es für den Denker keinen Fortbestand mehr.

Ich hoffe, daß Sie all diesem folgen — es erfordert eine sehr gespannte Aufmerksamkeit.

Das Bewußte oder das Unbewußte hat sehr wenig Bedeutung. Es gewinnt nur dann Bedeutung, wenn ihm der Gedanke Fortbestand gibt. Wenn Sie der Wahrheit gemäß erkennen, daß der ganze Denkprozeß aus Vergangenem gespeist wird und daß er unmöglich der gewaltigen Forderung der Mutation gerecht werden kann, dann werden sowohl das Bewußte wie das Unbewußte unwichtig, und der Geist wird nicht länger von einem der beiden beeinflußt oder getrieben. Dann setzt er von sich aus keine Bewegung mehr in Gang; er ist vollkommen ruhig, still, schweigend.

Obgleich der Geist sich dessen bewußt ist, daß eine Verwandlung, eine Revolution, eine vollkommene Transformation an der Wurzel des eigenen Wesens notwendig ist, leitet er dennoch keine Bewegung nach irgendeiner Richtung ein; und in dieser totalen Bewußtheit, in diesem vollkommen

Schweigen ist Mutation bereits Ereignis geworden. Mutation kann sich also nur vollziehen, wenn keine Art von Lenkung mehr stattfindet, wenn der Geist keinerlei Bewegung mehr veranlaßt und daher vollkommen still ist.

In dieser Stille geschieht die Mutation, weil die Wurzel unseres Daseins bloßgelegt ist und dahinschwindet. Das ist die einzig wahre Revolution, die nichts mit einer Revolution wirtschaftlicher oder sozialer Art zu tun hat, und sie kann nicht durch den Willen oder durch das Denken hervorgebracht werden. Nur in diesem Zustand der Mutation können Sie etwas wahrnehmen, das jenseits des durch Worte Ausdrückbaren liegt, etwas, das das Höchste ist, jenseits aller Theologie und jenseits des sich erinnernden Denkens.

Ich hoffe, daß ich Sie nicht zum Einschlafen gebracht habe! Vielleicht wollen Sie nun einige Fragen stellen.

Soweit ich es erfahren habe, verurteilt mich das Denken zur Isolierung, weil es mich daran hindert, mit den Dingen meiner Umwelt in Kommunion zu sein, und es verhindert mich auch, zu den Wurzeln meiner selbst vorzudringen. Darum möchte ich gerne fragen: Warum denken menschliche Wesen? Welche Funktion hat das menschliche Denken, und warum übertreiben wir die Bedeutung des Denkens so sehr?

Ich dachte, daß wir über all dieses hinaus sind. Nun gut, mein Herr, ich will es erklären.

Nur einer Erklärung zuzuhören, bedeutet nicht, daß wir die Tatsache sehen. Wir können nicht durch Erklärung zu einem gegenseitigen tiefen Verstehen kommen, solange Sie und ich nicht die Tatsache sehen und diese Tatsache sich selber überlassen, daß heißt, daß wir uns nicht einmischen. Dann sind wir auch in Kommunion mit der Tatsache. Aber wenn Sie die Tatsache in der einen Art interpretieren und ich in einer anderen, dann befinden wir uns nicht in Kommunion, weder mit der Tatsache noch miteinander.

Nun, wie entsteht das Denken — das Denken, das isoliert, das keine Liebe spendet, die der einzige Weg zur Kommunion ist? Wie kann dieses Denken ein Ende haben? Der Gedanke — der ganze Mechanismus des Denkens — muß verstanden werden, und eben dieses Verstehen ist das Ende des Denkens. Ich will darauf eingehen, wenn Sie gestatten.

Das Denken beginnt als Reaktion auf eine Herausforderung. Wenn es keine Herausforderung gäbe, würden Sie nicht denken. Die Herausforderung mag die Form einer Frage annehmen, wie trivial oder bedeutend auch immer, und dieser Frage entsprechend antworten Sie. In dem Zeitintervall zwischen Frage und der Antwort beginnt der Gedankenprozeß, nicht wahr?

Wenn Sie mich über etwas befragen, mit dem ich sehr vertraut bin, antworte ich unmittelbar. Wenn Sie mich zum Beispiel fragen, wo ich lebe, entsteht kein Zeitintervall, weil ich darüber nicht nachzudenken brauche und auf Ihre Frage sofort antworten kann. Aber wenn Ihre Frage etwas komplizierter ist, dann steht zwischen Ihrer Frage und meiner Erwiderung ein Zeitintervall, das es mir ermöglicht, in mein Gedächtnis zu schauen. Sie mögen mich fragen, welches die Entfernung zwischen der Erde und dem Mond ist, und ich sage: ,,Bei Gott, weiß ich darüber etwas? Ja, ich weiß'' - und dann antworte ich. Zwischen Ihrer Frage und meiner

Antwort liegt ein Intervall und während dieser Zeit ist das Gedächtnis in Tätigkeit getreten und hat mir die Antwort geliefert.

So mag denn, wenn ich herausgefordert werde, meine Antwort unmittelbar sein, oder sie mag eine gewisse Zeit dauern. Wenn Sie mich etwas fragen, worüber ich überhaupt nichts weiß, ist das Intervall viel länger.

Ich sage: ,,Ich weiß es nicht, aber ich werde es herausfinden''; und wenn ich die Antwort unter all den Dingen, deren ich mich erinnere, nicht gefunden habe, wende ich mich an jemanden, damit er es mir sage, oder ich schlage in einem Buch nach. Auch während dieses viel längeren Intervalls läuft der Gedankenprozeß weiter. Mit diesen drei Phasen sind wir durchaus vertraut.

Nun gibt es eine vierte Phase, die Sie vielleicht nicht kennen oder die Sie bisher niemals zum Ausdruck gebracht haben.

Sie stellt sich wie folgt dar: Sie richten an mich eine Frage, und ich weiß die Antwort tatsächlich nicht. Mein Gedächtnis erinnert sich nicht, und ich erwarte von niemandem die Antwort. Ich habe keine Antwort, und ich bin ohne Erwartung. Ich weiß es wirklich nicht. Es entsteht kein Intervall und damit kein Denken, weil der Geist nicht Ausschau hält, nicht sucht, nichts erwartet. Dieser Zustand ist tatsächlich eine vollkommene Negation, ein Freisein von jeglichem Ding, das der Geist gekannt hat. Und nur in diesem Zustand kann das Neue verstanden werden — das Neue, das Höchste oder mit welchem anderen Namen Sie es bezeichnen mögen. In diesem Zustand ist der gesamte Prozeß des Denkens an sein Ende gelangt; es gibt weder den Beobachter noch das Beobachtete, weder den Erfahrenden noch die Sache, die erfahren wird. Alle Erfahrung hat aufgehört, und in diesem totalen Schweigen ist vollkommene Mutation.

Lebensangst

Wenn Sie erlauben, würde ich an diesem Morgen gerne über etwas sprechen, das mir sehr wichtig zu sein scheint. Es handelt sich nicht darum, eine Idee oder einen Begriff oder eine Formel zu entwickeln. Begriffe, Formeln, Ideen verhindern in Wirklichkeit ein tiefes Verständnis der Tatsachen, wie sie sind. Mit dem Verständnis einer Tatsache meine ich das Beobachten einer Tätigkeit, einer Regung des Denkens oder Fühlens und das Erfassen ihrer Bedeutung in dem Augenblick der Handlung. Die Wahrnehmung einer Tatsache, wie sie ist, muß in dem Augenblick der Handlung geschehen; und solange man nicht die Tatsachen zutiefst versteht, wird man immer von der Furcht gejagt werden.

Die meisten von uns, glaube ich, tragen diese gewaltige Last der bewußten oder unbewußten Furcht. Und an diesem Morgen würde ich gerne mit Ihnen in dieses Problem eindringen und erforschen, ob wir nicht ein totales Verständnis der Furcht und damit ihre vollkommene Auflösung erreichen können, so daß wir buchstäblich und tatsächlich von der Furcht frei sind.

Darf ich also vorschlagen, daß Sie nur ruhig zuhören, ohne innerlich mit mir zu argumentieren. Erörterungen anstellen, Worte austauschen und unsere Gedanken und Gefühle formulieren — das werden wir ein wenig später tun. Aber für den Augenblick lassen Sie uns zuhören, gewissermaßen negativ, das heißt, daß wir während des Zuhörens zu keinerlei positiven Feststellungen kommen. Hören Sie einfach hin. Ich vermittle Ihnen etwas, ohne daß Sie Gedanken mit mir austauschen. Ich sage Ihnen etwas. Um das zu verstehen, was ich vermitteln möchte, müssen Sie zuhören — und in diesem Akt des Zuhörens werden Sie fähig sein, mit dem Sprecher zu einer innigen Verständigung zu gelangen.

Unglücklicherweise sind die meisten von uns dieses negativen, schweigenden Zuhörens unfähig, nicht nur hier, sondern auch in unserem täglichen Leben. Wenn wir ausgehen, um einen Spaziergang zu machen, lauschen wir nicht den Vögeln, nicht dem Rauschen der Bäume, dem Murmeln des Flusses, nicht den Bergen und dem weiten Himmel. Um in unmittelbarer Kommunion mit der Natur und mit anderen Menschen zu sein, müssen Sie lauschen; und das können Sie nur, wenn Sie in einem negativen Sinne schweigend sind, daß heißt, wenn Sie ohne Anstrengung zuhören, ohne Gedankentätigkeit, ohne zu formulieren, zu streiten, zu diskutieren.

Ich weiß nicht, ob Sie je versucht haben, wirklich hin zuhören — auf Ihre Frau oder Ihren Mann, auf Ihre Kinder, auf den Wagen, der vorbeifährt, auf die Regungen Ihres eigenen Denkens und Fühlens. In solcher Art des Zuhörens gibt es überhaupt kein Handeln, keine Absicht, keine Interpretation; und dieser bloße Akt des Zuhörens erzeugt eine gewaltige Revolution an der tiefsten Wurzel des Geistes.

Aber die meisten von uns sind des Zuhörens so ungewohnt. Wenn wir irgend etwas hören, das unserem gewöhnlichen Denken entgegengesetzt ist, oder wenn eines unserer Lieblingsideale Belastungsproben ausgesetzt wird, regen wir uns schrecklich auf. Wir glauben, ein begründetes Anrecht auf bestimmte Ideen und Ideale zu haben, so wie wir es am Be-

Lebensangst

sitz, an unseren eigenen Erfahrungen und dem Wissen haben. Und wenn eines von diesen Dingen in Frage gestellt wird, verlieren wir unser Gleichgewicht; dann widersetzen wir uns allem, was gesagt wird.

Nun, wenn Sie an diesem Morgen dem, was gesagt wird, wirklich zuhören werden, wenn Sie mit einem wachen, wertungsfreien Bewußtsein zuhören, dann werden Sie bemerken, daß Sie dem Sprecher folgen, ohne durch das Wort, durch sprachliche Analyse gebunden zu sein, und daß Sie dann Sinn und Bedeutung dessen erfassen, was hinter den Worten liegt. Es bedeutet nicht, daß Sie einschlafen oder daß Sie sich in irgendeinem glückseligen Zustand selbstzufriedener Sentimentalität befinden. Im Gegenteil, Zuhören erfordert eine große Aufmerksamkeit — nicht Konzentration, sondern Aufmerksamkeit.

Diese beiden Dinge sind voneinander völlig verschieden. Wenn Sie mit Aufmerksamkeit zuhören, können Sie und ich vielleicht in jene große Tiefe gelangen, in der sich Schöpfung ereignen mag. Und das ist ohne Zweifel wesentlich, weil ein Mensch, der oberflächlich und ängstlich ist, der sich ewig über viele Probleme aufregt, unmöglich die Furcht verstehen kann. Die Furcht zu verstehen, ist aber eines der fundamentalsten Dinge des Lebens. Wenn wir das nicht vermögen, wird es weder Liebe noch das Schöpferische geben - nicht die schöpferische Tätigkeit ist gemeint, sondern jener Zustand zeitloser Schöpfung, der nicht durch Worte, durch Bilder, durch Bücher ausgedrückt werden kann.

So muß man denn von der Furcht frei sein. Furcht ist keine Abstraktion. Furcht ist nicht nur ein Wort — obgleich den meisten Menschen das Wort bedeutungsvoller geworden ist als die Tatsache. Ich weiß nicht, ob Sie je daran gedacht haben, sich von der Furcht frei zu machen, total und absolut. Das kann so vollkommen geschehen, daß niemals mehr ein Schatten der Furcht auftaucht, weil der Geist immer dem Ereignis voraus ist. Das bedeutet, daß der Geist nicht mehr den Versuch zu machen braucht, einer aufgekommenen Furcht nachzusetzen, um sie zu überwinden — er ist der Furcht voraus und daher frei von Furcht.

Nun, um die Furcht zu verstehen, muß man untersuchen, was es mit dem Vergleichen auf sich hat. Warum vergleichen wir überhaupt? In technischen Dingen läßt ein Vergleich den Fortschritt sichtbar werden, der relativ ist. Vor 50 Jahren gab es keine Atombombe, gab es keine Überschallflugzeuge, aber jetzt haben wir diese Dinge, und in weiteren 50 Jahren werden wir etwas anderes haben, das wir jetzt noch nicht besitzen. Das wird Fortschritt genannt, der immer vergleichbar und relativ ist, und unser Geist ist an diese Art des Denkens gebunden. Wir denken sozusagen nicht nur außerhalb der Haut, sondern auch innerhalb der Haut, in der psychologischen Struktur unseres eigenen Wesens vergleichend. Wir sagen, ,,Ich bin dieses, ich war jenes, und ich werde etwas mehr in der Zukunft sein''. Dieses vergleichende Denken nennen wir Fortschritt, Evolution, und unser ganzes Verhalten — moralisch, ethisch, religiös, in unseren beruflichen und sozialen Beziehungen — basiert darauf. Wir sehen uns vergleichend in Beziehung zu einer Gesellschaft, die selbst das Ergebnis dieses gleichen Kampfes ist.

Vergleich erzeugt Furcht. Beobachten Sie diese Tatsache an sich selbst. Ich wünsche, ein besserer Schriftsteller oder ein schönerer oder intelligenterer Mensch zu sein; ich möchte mehr wissen als andere; ich wünsche erfolgreich zu sein, jemand zu werden, mehr Ruhm in der Welt zu haben. Erfolg und Ruhm sind psychologisch der innere Kern des Ver-

Lebensangst

gleichs, und durch das Vergleichen erzeugen wir unaufhörlich Furcht. Der Vergleich gibt außerdem Anlaß zu Widerstreit und Kampf — und das steht in hohem Ansehen.

Sie sagen, daß Sie sich am Wettbewerb beteiligen müssen, um in dieser Welt weiterbestehen zu können. Darum vergleichen und wetteifern Sie in Ihren Geschäften, in der Familie und in den sogenannten religiösen Dingen. Sie müssen in den Himmel kommen und gleich neben Jesus sitzen oder wer auch immer Ihr spezieller Erlöser sein mag. Die vergleichende Geisteshaltung spiegelt sich im Priester wider, der ein Erzbischof, ein Kardinal und schließlich der Papst wird. Wir pflegen diese Art der Geisteshaltung beharrlich während unseres ganzen Lebens; wir ringen darum, besser zu werden oder einen höheren Rang als ein anderer zu erreichen. Unsere soziale und moralische Struktur basiert darauf.

So leben wir ständig in einem Zustand des Vergleichs, des Wettbewerbs und des ewigen Kampfes, jemand zu sein — oder niemand zu sein, was das gleiche ist. Das, so fühle ich, ist die Wurzel aller Furcht, weil es Neid, Eifersucht und Haß hervorruft. Wo aber Haß ist, gibt es offensichtlich keine Liebe, und es wird immer mehr Furcht erzeugt.

Ich bat Sie bereits, nur einfach zuzuhören. Fragen Sie nicht, ,,wie soll ich es anfangen, ohne Vergleich zu leben? Was soll ich tun, um das Vergleichen zu beenden?''. Sie können gar nichts tun, um es zu beenden. Wenn Sie etwas täten, würde Ihr Motiv auch aus dem Vergleich geboren sein. Alles, was Sie tun können, ist, einfach die Tatsache zu sehen, daß dieses komplexe Ding, das wir unser Leben nennen, ein auf Vergleich beruhender Kampf ist und daß Sie, wenn Sie darauf einwirken, wenn Sie es zu ändern versuchen, wiederum

Gefangener dieses vergleichenden, wetteifernden Geistes sind. Wichtig allein ist, ohne jede Entstellung zuzuhören; und Sie werden das, was Sie hören, im selben Augenblick entstellen, wenn Sie die Absicht haben, etwas daraus zu machen.

So erkennt man die Verwicklungen und die Bedeutung dieser vergleichenden Bewertung des Lebens, und man sieht ein, daß es eine Illusion ist zu glauben, daß der Vergleich Verständnis mit sich bringt: zum Beispiel die Werke zweier Maler oder zweier Schriftsteller miteinander zu vergleichen, sich selbst mit einem anderen zu vergleichen, der nicht so klug, der weniger wirkungsvoll oder der schöner ist und was es sonst noch sein mag.

Kann man nun in der Welt leben, ohne äußerlich und innerlich jemals zu vergleichen? Dieses geistigen Zustandes ständigen Vergleichens gewahr zu sein — ihn einfach als eine Tatsache zu erkennen und mit dieser Tatsache zu leben — erfordert eine große Aufmerksamkeit. Diese Achtsamkeit bringt ihre eigene Disziplin hervor, die außerordentlich geschmeidig ist; sie kennt keine Norm, sie übt keinen Zwang aus, sie ist kein Akt der Kontrolle, der Unterwerfung, der Verleugnung, in der Hoffnung, dadurch den ganzen Komplex der Furcht besser zu verstehen.

Diese Haltung dem Leben gegenüber, die auf dem Vergleich basiert, ist ein Hauptfaktor in der Entartung des Geistes, nicht wahr? Entartung des Geistes schließt Stumpfheit, Unempfindlichkeit, Verfall in sich und damit einen völligen Mangel an Intelligenz. Der Körper verfällt langsam, weil wir alt werden; aber der Geist verfällt gleichfalls und die Ursache seines Verfalls ist das Nebeneinanderstellen, der Konflikt, die Anstrengung des Wettbewerbs. Es ist wie bei einer

Lebensangst

Maschine, die mit starker Reibung läuft: Sie kann nicht richtig funkionieren, und sie verschleißt schnell, während sie läuft.

Wie wir gesehen haben, erzeugen Vergleich, Konflikt, Wettbewerb nicht nur Entartung, sondern auch Furcht; und wo Furcht ist, da herrscht Finsternis — da gibt es keine Zuneigung, kein Verständnis, keine Liebe.

Nun, was ist Furcht? Standen Sie jemals wirklich der Furcht von Angesicht zu Angesicht gegenüber oder hatten Sie nur Gedanken, die sich mit der Furcht beschäftigten? Zwischen diesen beiden besteht ein Unterschied, nicht wahr? Die wirkliche Tatsache der Furcht und die Angst, die aus der Vorstellung entsteht, sind zwei gänzlich verschiedene Dinge. Die meisten Menschen sind dadurch gefesselt, daß sie die Furcht durch ihre Gedanken, durch ihre Meinung, Beurteilung und Bewertung hervorrufen, so daß sie nie mit der wirklichen Tatsache der Furcht in Kontakt kommen. Ich glaube, das ist etwas, das wir umfassend und gründlich verstehen müssen.

Ich fürchte mich, lassen Sie uns annehmen, vor Schlangen. Ich sah eines Tages eine Schlange, und sie verursachte mir große Angst, und diese Erfahrung ist in meinem Gedächtnis als Erinnerung zurückgeblieben. Wenn ich ausgehe, um einen Abendspaziergang zu machen, wird diese Erinnerung in mir lebendig, und ich fürchte mich bereits im voraus, einer Schlange zu begegnen. So ist die Vorstellung der Furcht weit vitaler, weit mächtiger als die Tatsache selbst.

Was bedeutet das? Daß wir nie in Kontakt mit der Furcht sind, sondern nur mit den Gedanken darüber. Beobachten Sie doch diese Tatsache in sich selbst, und Sie können den

Gedanken nicht künstlich beiseite tun. Sie mögen sagen, ,,Gut, ich will versuchen, der Furcht ohne die Vorstellung zu begegnen"; aber Sie können es nicht. Wenn Sie hingegen wirklich einsehen, daß Erinnerung und gedankliche Vorstellung Sie an einer unmittelbaren Kommunion mit der Tatsache verhindern — mit der Tatsache der Furcht, mit der Tatsache der Eifersucht, mit der Tatsache des Todes —, dann werden Sie finden, daß sich eine ganz andere Beziehung zwischen der Tatsache und Ihnen einstellt.

Für die meisten von uns ist die Idee weit wichtiger als die Handlung. Wir handeln niemals vollkommen. Wir beschränken die Handlung immer durch eine Idee, wir passen sie einer Formel, einem Begriff an oder interpretieren sie entsprechend. Das alles kann man überhaupt nicht als Handlung ansehen — oder vielmehr: die Handlung ist so unvollkommen, daß sie Probleme erzeugt. Aber wenn Sie einmal diese außergewöhnliche Tatsache erkennen, dann wird Handlung zu einem erstaunlich vitalen Vorgang, weil sie sich nicht länger einer Idee angleicht.

Furcht ist keine Abstraktion, sie steht immer im Zusammenhang mit einem Objekt. Ich habe Angst vor dem Tode, Angst vor der öffentlichen Meinung, ich fürchte mich davor, nicht populär zu sein, nicht bekannt zu sein, ich fürchte mich davor, nichts zu erreichen und so fort. Das Wort "Furcht" ist nicht die Tatsache, es ist nur ein Symbol, das die Tatsache darstellt; und für viele Menschen ist das Symbol weit wichtiger als die Tatsache — im Religiösen und in jeder anderen Hinsicht.

Nun, kann sich der Mensch von dem Wort, dem Symbol, der Idee befreien und die Tatsache ohne Interpretation beobachten, ohne zu sagen, ,,Ich muß auf die Tatsache schau-

Lebensangst

en", ohne überhaupt irgendeinen Gedanken über die Tatsache zu haben?

Wenn der Geist auf eine Tatsache mit einer Meinung über diese Tatsache schaut, dann setzt er sich nur mit Ideen auseinander, nicht wahr? Es ist also sehr wichtig zu verstehen, daß, wenn ich bei Betrachtung einer Tatsache von einer Vorstellung ausgehe, überhaupt keine Kommunion mit der Tatsache möglich ist. Wenn ich in Kommunion mit der Tatsache sein will, muß die Idee vollkommen verschwinden. Nun wollen wir von hier aus weitergehen und sehen, wohin es uns führt.

Da ist die Tatsache, daß Sie sich vor dem Tode fürchten, daß Sie Angst davor haben, was ein anderer sagen wird, daß es ein Dutzend anderer Dinge gibt, vor denen Sie sich fürchten. Nun, wenn Sie auf diese Tatsache nicht mehr mit einer Vorstellung sehen, nicht mit einer Schlußfolgerung, einem Konzept, einer Erinnerung — was ereignet sich dann tatsächlich? Vor allen Dingen gibt es keine Einteilung mehr zwischen dem Beobachter und dem beobachteten Gegenstand, kein "Ich", das von dem Gegenstand getrennt ist. Die Ursache der Abspaltung ist beseitigt worden, und damit sind Sie in unmittelbarer Beziehung zu der Empfindung, die Sie Furcht nennen. Das "Du" mit seinen Meinungen, Ideen, Urteilen, Bewertungen, Begriffen, Erinnerungen — das alles ist nicht vorhanden, und es existiert nur noch *jene Tatsache*.

Was wir hier tun, ist mühsam, es ist nicht gerade eine Morgenunterhaltung. Ich glaube, daß, wenn man dieses Zelt heute morgen verläßt, man weitgehend, ja, vollkommen von der Furcht frei sein kann — und dann ist man ein menschliches Wesen.

Sie blicken der Tatsache jetzt ins Auge: der Empfindung oder Vorstellung, die Sie Furcht nennen und die durch eine Idee hervorgebracht wurde.

Sie fürchten sich vor dem Tode — ich nehme das als ein Beispiel. Normalerweise ist der Tod für Sie nur ein Begriff, er ist keine Tatsache. Die Tatsache ist nur dann existent, wenn Sie selbst sterben. Sie wissen um das Sterben anderer Menschen, und die Vergegenwärtigung, daß auch Sie sterben werden, wird zu einer Vorstellung, die Furcht erzeugt. Sie schauen von der Idee aus auf die Tatsache, und das verhindert Sie an dem direkten Kontakt mit der Tatsache. Es entsteht zwischen dem Beobachter und der beobachteten Sache ein Intervall. In diesem Intervall geschieht es, daß Gedanken aufsteigen — Gedanken als Ideenbildung, als Formulierung, als Erinnerung —, wodurch der Tatsache Widerstand entgegengesetzt wird. Aber wenn dieser Zwischenraum nicht besteht, das heißt, wenn die Gedanken, die Zeit bedeuten, nicht vorhanden sind, dann stehen Sie ganz der Tatsache gegenüber; und dann wirkt die Tatsache auf Sie ein — Sie wirken nicht auf die Tatsache ein.

Ich hoffe, daß Sie das alles mitbekommen.

Sehen Sie, ich glaube, daß es etwas Übles ist — wenn ich das Wort gebrauchen darf —, mit der Furcht in irgendeiner Form zu leben. Mit der Furcht zu leben ist schädlich, weil es Haß erzeugt, Ihr Denken verzerrt und Ihr ganzes Leben verdirbt. Deshalb ist es für den religiösen Menschen absolut notwendig, von der Furcht vollkommen frei zu sein, äußerlich wie innerlich. Ich meine nicht das spontane Reagieren des physischen Körpers, wenn er sich sichert, was nur natürlich ist. Es ist normal, wenn Sie beim plötzlichen Anblick einer Schlange beiseite springen — das ist nur ein physischer

Lebensangst

Instinkt des Selbstschutzes, und es wäre abnorm, nicht in dieser Art zu reagieren. Aber der Wunsch, innerlich, psychologisch, auf jeglicher Ebene unseres Seins gesichert zu existieren, schafft die Furcht. Man sieht, wohin man auch blickt, die Auswirkungen der Furcht und man erkennt, wie wesentlich es für den Menschen ist, zu keiner Zeit eine Brutstätte der Furcht zu sein.

Wenn Sie dem, was gesagt worden ist, aufmerksam gefolgt sind, werden Sie erkannt haben, daß die Furcht nie in der Gegenwart ist, sondern immer in der Zukunft. Sie wird durch den Gedanken, durch die Überlegung heraufbeschworen, was morgen oder in der nächsten Minute geschehen mag. So bilden denn Furcht, Gedanke und Zeit eine Einheit; und wenn man die Furcht verstehen und über sie hinausgelangen will, muß man sowohl das Denken als auch die Zeit verstehen. Alles vergleichende Denken muß aufhören; jedes Gefühl der Anstrengung — worin Wettstreit, Ehrgeiz, Erfolgsanbetung, der Kampf, jemand zu sein, einbegriffen sind — muß ein Ende nehmen. Und wenn dieser ganze Prozeß verstanden wird, gibt es überhaupt keinen Konflikt mehr, nicht wahr?

Dann befindet sich der Geist nicht länger in einem Zustand des Verfalls, weil er fähig ist, der Furcht zu begegnen, weil er dann nicht mehr die Brutstätte der Furcht ist. Nun, dieser Zustand der Freiheit von der Furcht ist absolut notwendig, wenn man verstehen will, was Schöpfung ist.

Für die meisten Menschen ist das Leben eine langweilige Routine, in der sich nichts Neues ereignet. Was auch immer an Neuem geschehen mag — es wird sofort zur Routine. Da malt jemand ein Bild, und für eine Sekunde ist es etwas Neues — doch schon ist es damit vorbei. Vergnügen,

Schmerz, Anstrengung — alles wird zur Routine, wird langweilig, ein ewiger Kampf von nur geringer Bedeutung. Wir suchen immer nach etwas Neuem — das Neue in Bildern, das Neue in der Malerei. Wir wünschen etwas Neues zu fühlen, etwas Neues auszudrücken — etwas, das nicht sofort in die Sprache des Alten übersetzt wird. Wir hoffen, irgendeinen Trick oder eine geschickte Technik zu finden, durch die wir uns ausdrücken können und durch die wir uns befriedigt fühlen — aber auch das wird wieder zu einer schrecklichen Plage, einer häßlichen Sache, etwas, gegen das man sich wehrt.

So sind wir ständig in einem Zustand, in dem wir nur erkennen, was war. Alles Neue wird augenblicklich durch die Erinnerung zu etwas bereits Bekanntem und wird damit in das Alte einbezogen. Der Prozeß des Wiedererkennens ist für die meisten von uns erstaunlich wichtig, weil sich das Denken immer in dem Bereich des Bekannten betätigt.

In dem Augenblick, da Sie etwas wiedererkennen, hört es auf, neu zu sein. Verstehen Sie das?

Unsere Erziehung, unsere Erfahrung, unser tägliches Leben — das alles ist ein Prozeß des Wiedererkennens, der ständigen Wiederholung, und das gibt unserer Existenz einen Fortbestand. Mit unseren Gedanken, die in diesen Prozeß eingefangen sind, fragen wir, ob es irgend etwas Neues gibt; wir wünschen zu entdecken, ob es einen Gott gibt oder nicht. Vom Bekannten ausgehend, suchen wir das Unbekannte zu finden. Es ist das Bekannte, das die Furcht vor dem Unbekannten verursacht, und so sagen wir, ,,Ich muß das Unbekannte finden; ich muß es wieder erkennen und in das Bekannte zurückbringen''. Darin besteht unser Suchen — beim Malen, Musizieren, in jeglichem Tun —, das Suchen nach dem Neuen, das immer mit Begriffen des Alten interpretiert wird.

Dieser Prozeß des Wiedererkennens und der Interpretation, der Handlung und Erfüllung ist keine Schöpfung. Sie können das Unbekannte unmöglich ausdrücken. Was Sie ausdrücken können, stellt nur eine Interpretation oder eine Rückerinnerung dessen dar, was Sie das Unbekannte *nennen*. So müssen Sie für sich selbst herausfinden, was Schöpfung ist, sonst wird Ihr Leben zu einer bloßen Routine, in der es keine Verwandlung, keine Mutation gibt und die Ihnen das Leben sehr schnell langweilig macht. Schöpfung liegt nur in der Bewegung der Schöpfung selbst — sie ist keine Interpretation dieser Bewegung auf der Leinwand, in der Musik, in den Büchern oder in unseren Beziehungen.

Nach alledem trägt der Mensch die Erinnerungen und Instinkte von Millionen von Jahren in sich; und auch das Verlangen, über all das hinauszukommen, ist noch ein Teil des menschlichen Geistes. Aus diesem Hintergrund des Alten entspringt der Wunsch, das Neue zu erkennen; aber das Neue ist etwas völlig anderes — es ist Liebe —, und es kann nicht durch einen Geist verstanden werden, der, als Gefangener des gewohnten Prozesses versucht, das Neue zu finden.

Das verständlich zu machen ist eines der schwierigsten Dinge; aber ich möchte es Ihnen gerne vermitteln, wenn ich es vermag, weil der Mensch immer an den Prozeß der Verfalls gebunden ist, solange er sich nicht in jenem Zustand der Schöpfung befindet. Dieser Zustand ist zeitlos, ewig. Er ist ohne Vergleich, er ist nicht nutzbringend, er hat von der üblichen Handlung her gesehen überhaupt keinen Wert. Sie können ihn nicht benutzen, um Ihre schrecklich armseligen

Bilder zu malen oder Ihre prachtvolle Shakespearianische Dichtung zu schreiben. Aber ohne diesen Zustand gibt es überhaupt keine wahre Liebe. Die Liebe, die wir kennen, ist Eifersucht, sie ist eingebettet in Haß, Angst, Verzweiflung, Elend, Konflikt; und nichts dergleichen ist Liebe.

Liebe ist etwas ewig Neues, nicht Wiedererkennbares; sie ist nie dieselbe, und darum ist sie der höchste Zustand der Ungewißheit; und nur in dem Zustand der Liebe kann der Geist dieses Ungewöhnliche verstehen, das Schöpfung genannt wird — das Gott ist oder von Ihnen mit irgendeinem anderen Namen bezeichnet werden mag. Der Mensch, der die Begrenzung des Bekannten verstanden hat und daher von dem Bekannten frei ist — nur solch ein Mensch kann in jenem Zustand der Schöpfung leben, in dem es kein Element der Entartung gibt.

Wünschen Sie über das, was wir an diesem Morgen gesprochen haben, einige Fragen zu stellen?

Ist das Gefühl, einen individuellen Willen zu haben, die Ursache der Furcht?

Wahrscheinlich ist es so. Aber was verstehen Sie unter dem Wort "individuell"? Sind Sie ein Individuum?

Sie haben einen Körper, einen Namen, ein Bankkonto; aber wenn Sie innerlich gebunden, verkrüppelt, begrenzt sind, sind Sie dann ein Individuum? Gleich jedem anderen sind Sie in sich bedingt, nicht wahr? Und innerhalb dieses begrenzten Gebietes Ihres Bedingtseins, das Sie das Individuelle nennen, tritt alles in Erscheinung — Ihre Schicksalsschläge, Ihre Verzweiflungen, Ihre Eifersüchteleien, Ihre Ängste. Dieses enge, fragmentarische Ding mit seiner individuellen Seele, seinem individuellen Willen und all diesem unsauberen, unwichtigen Zeug — darauf sind Sie sehr stolz. Und damit wollen Sie Gott, die Wahrheit, die Liebe entdecken. Das können Sie nicht.

Alles, was Sie tun können, ist, Ihrer eigenen Unvollkommenheit und der sich daraus ergebenden Kämpfe gewahr zu sein und zu sehen, daß das Fragment niemals das Ganze werden kann. Sie können tun, was Sie wollen, die Speiche kann niemals das Rad werden. Darum muß man diese abgesonderte, enge, begrenzte Existenz, das sogenannte Individuum erforschen und verstehen.

Wichtig an all diesem ist nicht Ihre Meinung oder meine Meinung, sondern die Entdeckung dessen, was wahr ist. Und um die Wahrheit zu finden, muß der Geist ohne Furcht sein — so völlig der Furcht entkleidet sein, daß er voller Unschuld ist. Nur aus dieser Unschuld erhebt sich Schöpfung.

Der Quell
des Lebens

Es scheint mir sehr wichtig zu sein, daß jeder selbst herausfindet, was er sucht. Das Wort "suchen" hat eine außerordentliche Bedeutung, nicht war? Abgesehen von der lexikalischen Bestimmung liegt in der Tätigkeit des Suchens eine Bewegung von der Peripherie zum Zentrum. Und dieses Suchen, dieses Erforschen hängt von unserem Temperament, von den Drangsalen und Belastungen durch unsere Umwelt, von den trüben Erfahrungen, dem Leid des Lebens, den unzähligen Plackereien unserer Existenz ab. All diese Faktoren zwingen uns zu suchen. Wenn da keine Bedrängnis, keine Herausforderung, keine Trübsal, kein Elend wäre, möchte ich wissen, wieviele von uns überhaupt noch etwas suchen würden.

Erforschen bedeutet, nach allen Seiten Ausschau zu halten in der Hoffnung, etwas zu finden, nicht wahr? Ich schlug heute morgen das Wort "erforschen" im Lexikon nach. Es ist lateinischen Ursprungs und bedeutet suchen, fragen, verlangen, nachforschen, prüfen. Ich möchte nun gerne wissen, wonach wir forschen, was wir eigentlich suchen! Können wir es überhaupt herausfinden? Oder ist es etwas Schwankendes, Flüchtiges, das sich je nach den Umständen, nach unserem Charakter, nach unseren jeweiligen Empfindungen der Freude und des Leides beständig wandelt?

Wir sprechen immerwährend über das Suchen, über das Forschen. Was liegt in diesem Wort? Es bedeutet, daß Sie sich, beeinflußt durch Ihre besonderen Idiosynkrasien, Geschmacksrichtungen und Umweltbedrängungen, von außen her allmählich zum Zentrum hin bewegen. Es ist nicht anders, als ob Sie von einem Geschäft in das andere laufen und verschiedene Anzüge anprobieren, bis Ihnen einer paßt, der Ihnen gefällt und den Sie dann nehmen. Wenn Sie vom Suchen sprechen, meinen Sie in Wirklichkeit, daß Sie mit verschiedenen Ideen, Begriffen, Formeln experimentieren, daß Sie von einer Religion zur anderen, von einem Lehrer zum anderen laufen, bis Sie schließlich etwas finden, das Ihnen zusagt, etwas das sich Ihrem besonderen Charakter und Ihren Idiosynkrasien anpaßt. Wenn Ihnen nicht gefällt, was Sie im Okzident finden, wenden Sie sich dem Orient mit seiner uralten und komplexen Philosophie zu, wo Sie sich unter den unzähligen Lehrern und Gurus einen aussuchen können, und dort werden Sie in einen engen Gedankenbereich eingefangen und bilden sich ein, darin etwas von ewiger Gültigkeit gefunden zu haben.

Oder wenn Sie das nicht tun, werden Sie als Katholik nur noch eifriger oder gesellen sich den Existenzialisten zu — oh, du lieber Gott, es gibt so viele Dinge dieser Art in der Welt!

Für mich gibt es weder den Osten noch den Westen; der menschliche Geist ist weder orientalisch noch okzidental. Alle Theologien, alle Philosophien, welchen Ursprungs sie auch sein mögen, sind unreif. Sie sind Erfindungen des Menschen, der, in einem Gefängnis sitzend, das er selbst geschaffen hat, an etwas glaubt und um diesen Glauben herum eine Theologie aufbaut oder irgendeine ungewöhnliche Philosophie entwirft; und je klüger der Philosoph oder der Theologe ist, um so akzeptabler wird er für die Öffentlichkeit, für den Leser, für den Gefolgsmann.

Nun, tun wir ein gleiches? Sie kommen und verbringen hier zwei oder drei Wochen und hören dem zu, was gesagt wird. Wenn Sie merken, daß es für Sie nicht ganz befriedigend ist, daß es Ihnen nicht alles gibt, was Sie wünschen, wenden Sie sich einem anderen Lehrer zu oder greifen eine andere Philosophie auf, und das verschafft Ihnen etwas mehr Befriedigung. Vorausgesetzt, daß Sie nicht für immer in einem sterilen Stauwasser des Denkens festgehalten werden, laufen Sie weiter herum, bis Sie vielleicht irgendwann hierher zurückkommen, und dann beginnen Sie wieder von vorn.

Ich meine also, wir sollten dieses ungewöhnliche Phänomen verstehen, das uns von einem Ding zum anderen laufen läßt — sowohl im Westen wie im Osten —, endlos suchend, fragend, verlangend, forschend. Das heißt, wir sollten uns selbst sehr klar darüber sein, was wir eigentlich suchen und warum wir suchen — und ob überhaupt irgendeine Notwendigkeit besteht, etwas zu suchen. Ohne Zweifel schließt alles Forschen eine Bewegung in sich, die von der Peripherie zum Zentrum läuft, von den Geschehnissen zur Ursache, vom äußeren Rande zum eigentlichen Ursprung der Existenz. Das heißt, daß wir uns von außen nach innen bewegen in der Hoffung, etwas Reales, Tiefes, Lebendiges zu finden, etwas von außergewöhnlicher Bedeutung. Im Laufe dieses Prozesses mühen wir uns damit ab, verschiedene Methoden und Systeme zu praktizieren, wir martern uns mit verschiedenen Formen der Disziplin, so daß wir am Ende unseres Lebens zerschlagen sind und unser Geist fast verkrüppelt ist.

Ich fürchte, das ist bei den meisten von uns der Fall. Wir bewegen uns von der Peripherie zum Zentrum, weil wir herausfinden möchten, wie wir glücklich sein können, was die Wahrheit ist, ob es einen Gott, etwas Ewiges gibt; und darum kämpfen wir ständig, passen uns an, ahmen nach, richten uns aus; wir brutalisieren Geist und Herz durch Disziplin, bis wir von uns nichts Ursprüngliches, Wahres, Reales mehr übrig gelassen haben. Das ist unser Leben; und je größer die Not, der Schmerz, die Raserei des Lebens an der Peripherie, um so mehr streben wir dem Zentrum zu.

Gibt es nun eine Möglichkeit, unmittelbar — ohne diesen endlosen Kampf — zum Zentrum vorzudringen und sich von dort aus zu entfalten? Verstehen Sie meine Frage?

Seit Millionen von Jahren haben wir uns abgemüht, vom Äußeren zum Inneren zu gelangen, um herauszufinden, was wahr ist und wir haben nun gesehen, was dieser Prozeß zur Folge hat. Also sage ich mir, daß das alles absurd ist und daß es sinnlos ist, mich weiter abzuquälen. Warum soll ich kopieren, nachahmen, jemanden folgen?

Gibt es nicht eine Möglichkeit, dieses Zentrum direkt zu entdecken, darin zu verweilen und von dorther zu erblühen, anstatt sich im Kreise zu drehen?

Seit Millionen von Jahren haben wir uns abgemüht, vom Äußeren zum Inneren zu gelangen, um herauszufinden, was wahr ist und wir haben nun gesehen, was dieser Prozeß zur Folge hat. Also sage ich mir, daß das alles absurd ist und daß es sinnlos ist, mich weiter abzuquälen. Warum soll ich kopieren, nachahmen, jemandem folgen?

Gibt es nicht eine Möglichkeit, dieses Zentrum direkt zu entdecken, darin zu verweilen und von dorther zu erblühen, anstatt sich im Kreise zu drehen?

Solch eine Bewegung ist sinnlos — wenigstens für mich; sie hat überhaupt keine Bedeutung, und darum verwerfe ich sie völlig. Ich wünsche nicht, mich zu quälen oder irgend jemandem zu folgen. Ich möchte kein einziges Buch mehr über Philosophie lesen oder meinen Geist mit spitzfindigen Argumenten schärfen. So wie die Dinge liegen, ist mein Geist durch Ehrgeiz, durch Angst und Verzweiflung, durch die ganzen Brutalitäten des Lebens ausreichend geschärft worden. Und ich will keine andere Methode, kein anderes System praktizieren oder einem anderen Guru, Lehrer oder Erlöser folgen — ich wünsche nicht mehr irgend etwas dieser Art zu tun.

Bitte, ich denke laut, nicht nur für mich, sondern um bestimmte Dinge klarzustellen, so daß wir uns miteinander darüber verständigen können, was wahr ist und uns nicht ewig abmühen, durch Reaktion von außen nach innen zu gelangen.

Ich kleide in Worte, was Sie vielleicht in seltenen Augenblicken fühlen, wenn Sie all diese Dinge satt haben - Ihre Kirchen, Ihre Poliker, Ihre Banken, die Nichtigkeiten Ihres häuslichen Lebens, die Langeweile des Büros, all die Stupiditäten des Lebens, die für die menschliche Würde eine Beleidigung sind.

Wenn Sie 20 Jahre oder mehr damit verbracht haben, Tag für Tag ins Büro zu gehen oder Essen zu kochen und ein Kind nach dem anderen zur Welt zu bringen — wenn Sie sowohl das Vergnügen wie die Langeweile, die Nichtigkeit, die Hoffnungslosigkeit all dieser Dinge erfahren haben, müssen Sie sich doch manchmal gefragt haben, ob es nicht eine Möglichkeit gibt, plötzlich, unerwartet zu dem ursprünglichen Quell zu kommen, zu dem eigentlichen Wesen der Dinge, um von dorther zu leben, zu wirken, sich zu entfalten, so daß Sie niemals mehr ein einziges Buch zu lesen, irgendeine

Der Quell des Lebens

Philosophie zu studieren, irgendein Bild oder einen Erlöser anzubeten brauchen — denn wohin Sie auch blicken: überall ist dieser Mittelpunkt, von dem alle Handlung, alle Liebe, jegliches Ding seinen Ausgang nimmt.

Es ist eine offensichtliche Tatsache, daß wir — mit unserer Gier, unserer Eifersucht, unserem Besitzhunger und unserer Angst, mit unserer Sentimentalität, unseren flüchtigen Freuden, unserem selbstzufriedenen Behagen — Tiere sind, hoch entwickelte Tiere.

Wenn Sie ein Tier beobachten, werden Sie sehen, daß es die gleichen Konflikte hat wie wir. Die Menschenaffen sind eifersüchtig und haben ihre ehelichen Schwierigkeiten. Sie vereinen sich in Gruppen — zuerst in der Familie, dann in Horden und so geht das weiter —, geradeso wie wir es tun.

Neulich sagte jemand, in den Vereinten Nationen könnten diese Affen ebensogut sitzen wie irgendein menschliches Wesen! Es ist eine offensichtliche Tatsache, daß unser Charakter, unsere Verehrung, unser Mut, unsere Angst, unsere Kriege, unser sogenannter Friede, unsere Kämpfe — daß alles aus diesem animalischen Hintergrund hervorgeht. Wir brauchen darüber nicht zu diskutieren. Die Biologen, die Anthropologen bestätigen es — falls Sie Autoritäten wünschen.

Ist es nun möglich, von all diesem frei zu sein, nicht ganz allmählich und zu guter Letzt noch — sondern kann man es mit einem Streich abtun, so daß es vorbei ist und man eine Moral, eine Ethik, ein Gefühl der Schönheit hat, die ganz andersartig und von dem animalischen Hintergrund völlig verschieden sind? Offensichtlich brauchen wir für unser Zusammenleben mit anderen Menschen in dieser Welt eine

Moral des sozialen Verhaltens. Aber gegenwärtig sind unsere Begriffe der Lebensführung — die für unsere tägliche Existenz bestimmend sind — immer noch animalisch, und wir wollen das nicht zugeben. Weil wir ein wenig befähigter, tüchtiger, erfindungsreicher sind als die Affen, neigen wir allzu gerne der Auffassung zu, daß wir auch menschlicher sind. Aber auch die Affen gebrauchen Instrumente, um Dinge zu ergreifen, sie machen Erfahrungen, da sie sich entwickeln, so daß zwischen ihnen und uns nur ein kleiner Unterschied besteht.

Bei den Tieren finden wir eine außerordentliche Betriebsamkeit, die in gleichem Maße dem menschlichen Wesen eigen ist, das nicht nur in der physischen Welt, sondern auch innerlich nach Sicherheit strebt — und dieses Verlangen ist auch noch ein Resultat des animalischen Instinkts. Und zur gleichen Zeit besteht der Wunsch, etwas Reales, Ursprüngliches zu finden, einen Zustand, der rein und unschuldig ist.

Ist es nun möglich, plötzlich in diesen Zustand zu gelangen, so daß er nicht erst herangezüchtet wird, daß man nicht nach ihm sucht? Denn Schönheit kann nicht kultiviert werden, ebensowenig wie die Liebe. Sie müssen plötzlich dazu kommen, wie Sie plötzlich einen Augenblick vor Augen haben mögen, den Sie nie zuvor hatten. Mit einem Male liegt es vor Ihnen, reich, voll, lebendig, und Sie sind ein Teil davon, und von dort aus leben Sie, handeln Sie, *sind* Sie. Ohne eine Anstrengung zu machen, ohne sich zu disziplinieren, zu unterjochen, ohne äußeren Zwang, ohne nachzuahmen und ähnliche Dinge zu tun, gelangen Sie plötzlich zum Quell des Lebens, zum Ursprung allen Seins. Und wenn der Mensch einmal aus diesem Quell getrunken hat, hat er gelebt — und lebt von dorther für immer. Ist so etwas möglich?

Verstehen Sie meine Frage? Es ist nichts Sentimentales oder Mystisches, nichts, um sich daran zu begeistern oder sich dadurch inspirieren zu lassen, noch ist es etwas, das Sie intuitiv fühlen. Es hat nichts mit alledem zu tun. Solange wir animalisch sind, mit unserem Neid, unseren Eifersüchteleien, unserer Verzweiflung, ist jenes Andere nicht möglich — diese beiden können nicht miteinander bestehen. Ist es nun möglich, den animalischen Hintergrund total, mit einem Streich wegzuschlagen und dann neu zu beginnen?

Ich will Ihnen zeigen, wie wichtig, ja, notwendig es ist, daß dieses Eine möglich gemacht werde. Wenn Sie die Zeit einlassen — gestern, heute und morgen —, dann sind Sie unvermeidlich in den Prozeß des Verfalls verstrickt, weil Sie dann immer nach dem Morgen Ausschau halten werden, und dann wird immer ein Gestern da sein, das die Gegenwart bedingt.

So muß der Mensch, der das Resultat jahrhundertelanger Zeitläufe ist, die Zeit vergessen. Folgen Sie? Er muß die Zeit ganz und gar beiseite tun, sonst bleibt er in das Netz der Zeit verstrickt, in den Kampf, etwas zu erlangen, zu werden, zu erreichen — dann läuft er weiter durch all diese Dinge, die zu Kummer, Elend und Verfall führen. Was also soll man tun?

Ich wünsche, *unmittelbar* herauszufinden, was wahr ist, und möchte nicht warten, auch nicht für ein paar Sekunden oder bis übermorgen; ich wünsche, *jetzt dort* zu sein. Ich bin zu ungeduldig, um zu warten; ich habe nichts übrig für die Zeit, für die Vorstellung, am Ende meines Lebens oder nach 10 000 Leben etwas zu erreichen. Ich halte das für äußerst kindlich und unreif. Das ist alles eine Erfindung des Geistes in seiner Trägheit, in seiner Verwirrung, in seiner

Hoffnungslosigkeit. Ich möchte so wach sein, daß, wenn ich meine Augen aufschlage, mein Herz, meinen Geist öffne, die Wahrheit da ist und ich von dorther tätig bin, handele, lebe und mich an den Schönheiten der Erde erfreue.

Wir werden nun über etwas sprechen, das unmöglich kopiert, das nicht nachgeahmt werden kann. Ich werde es erforschen, und ich hoffe, daß Sie es mit mir zusammen tun werden. Aber wenn Sie mir nur folgen, dann ist es vergebliche Liebesmüh!

Jede Bewegung, die vom äußeren Rand zum Zentrum verläuft, ist eine positive Bewegung, gleichgültig, wie unterschiedlich die Charakteranlagen sein mögen. Es ist ein vorsätzliches Suchen, eine Reaktion, die vom Rande hinweg zum Zentrum drängt; es ist eine Bewegung, die aus dem Wunsch entsteht zu entdecken und darum Disziplin, Nachahmung, Gefolgschaft, Gehorsam und die Anwendung eines Systems in sich schließt. Das alles ist ein positiver Prozeß — oder zumindest das, was Sie unter positiv verstehen.

Folgen Sie einfach meinen Worten, ohne innerlich mit mir zu argumentieren. Im Weitergehen werden Sie sehen, wie wahr es ist. Ich mesmerisiere Sie nicht, noch versuche ich, Sie an der Nase herumzuführen; ich treibe auch keinerlei Art von Propaganda — das wäre alles zu töricht.

Man ist also dieser positiven Bewegung gewahr, und man erkennt ihre ganze Bedeutung. Man sieht es unmittelbar und nicht in einer gemächlichen, nachlässigen Weise etwa mit dem Gedanken: ,,Ich werde morgen darüber nachdenken''. Es gibt keinen Gedanken an das Morgen, es gibt keine Vorstellung über "in der Zwischenzeit".

Man sieht die positive Bewegung unmittelbar, und dadurch hört sie vollkommen auf. Man hat nichts getan; es hat keine willensmäßige Handlung stattgefunden, es gab keine Ursache, kein vorsätzliches Suchen und kein Resultat, zu dem man gelangt ist. Man erkennt die Unreife dieser positiven Bewegung - man sieht die völlige Nutzlosigkeit des ganzen ein. Die Priester, die Kirchen, die theologischen Systeme, die Erfinder von Ideen — sie fallen nacheinander ab, weil man der Wahrheit gemäß erkennt, daß diese positive Bewegung von der Peripherie zum Zentrum niemals das Zentrum erreichen kann. Es ist eine Bewegung, die von außen versucht, nach innen zu dringen, und darum wird sie immer im Äußeren stecken bleiben.

Man sieht diese Tatsache mit aller Schärfe, mit ungewöhnlicher Klarheit; und dann beginnt man die Schönheit der negativen Bewegung zu verstehen — die negative Bewegung des Geistes, die nicht das Gegenteil der positiven ist, die aber dann lebendig wird, wenn der Mensch die Bedeutung aller positiven Tendenzen verstanden hat. Dann ist der Geist nicht länger an die positive Bewegung gekettet und befindet sich darum in einem Zustand der Negation. Das heißt, nachdem er die Bedeutung dieser positiven Bewegung erkannt hat — nicht fragmentarisch, sondern vollkommen —, treibt er nicht mehr dahin, handelt er nicht länger, ist er nicht mehr tätig; darum ist er in einem Zustand, den man negativ nennen kann. Verstehen Sie?

Lassen Sie es mich anders ausdrücken.

Ich persönlich — das sind Sie — lese niemals mehr ein Buch über all diese Dinge. Ich mag es nicht mehr, es interessiert mich nicht, weil ich in mir die ganze Menschheit erkenne — nicht mystisch, bildlich oder symbolisch, sondern tatsächlich. Ich bin Sie, und ich bin die Welt. In mir ist der ganze

Reichtum der Welt, und um ihn zu entdecken, brauche ich nur mich selbst zu verstehen und über mich hinauszugehen. Wenn ich mich nicht selbst verstehe, habe ich keine *raison déf̂e* (Daseinsberechtigung), keine Substanz. Ich bin dann nur ein verwirrtes Wesen, und je mehr ich suche, studiere, folge, um so verwirrter werde ich. Ich bin dann von Lehrern, von meinem Charakter, von meinen Wünschen abhängig — und dadurch wächst meine Verwirrung.

So sehe ich denn, wie wichtig es ist, mich total zu verstehen — ohne Anstrengung, das heißt, ohne die Selbsterkenntnis zu einem Problem zu machen. Um mich zu verstehen, darf mein Geist keinerlei positive Bewegung mehr machen, um das, was er sieht, zu korrigieren oder nicht zu korrigieren. Wie ich neulich bereits sagte, sind beide, sowohl der bewußte als auch der unbewußte Geist, trivial, und diese Trivialität muß ich erkennen. Ich muß sie unmittelbar begreifen, so daß mir das Unbewußte, wenn ich ihm nicht völlige Aufmerksamkeit zuwende, keinen Streich spielt, nicht irgendeine Vision, irgendein Bild oder irgendeinen heimlichen Wunsch projiziert — was wiederum zu einem Problem werden würde.
Können Sie all diesem folgen?

Ich sehe ein, daß zu einer vollkommenen Selbsterkenntnis ein Geist erforderlich ist, der gänzlich unbeeinflußt, der ohne Motiv, ohne Absicht ist, ein Geist, der vollkommen leer ist von positiver Aktion. Und wenn ich mit dieser geistigen Klarheit auf mich schauen kann, löst dieses Hinschauen die Trivialität auf, die das 'Ich' ist.
Bitte, ich erfinde keine Philosophie. Und legen Sie es um Gottes Willen nicht als etwas dem Orient Eigentümliches aus; das wäre Unsinn. Es ist keine Idiosynkrasie des Sprechers, der zufällig in einem Lande geboren wurde, wo heiße

Der Quell des Lebens

Sonne die Haut bräunt. Infolge dieser Hitze und der Trägheit, die sie bewirkt, und infolge der Armut neigen dort die Menschen dazu, sich nach innen zu wenden, und diese Hinwendung veranlaßt sie, Philosophie zu schreiben und Religionen, Götter und manches andere zu erfinden. Überlassen Sie es ihnen. Über diese Dinge spreche ich nicht.

Ich spreche über etwas, das weder östlich noch westlich, das weder persönlich noch unpersönlich ist — es ist das, was wahr ist.

Der Mensch ist plötzlich in einen Zustand gekommen, in dem er nicht länger von dem Wunsch getrieben wird, belohnt zu werden, nicht länger nach Erfahrung verlangt oder sie sucht. Man muß davon befallen werden, weil es niemanden gibt, der es lehren kann, und das erfordert Energie. Unter Energie verstehe ich, daß sich unsere ganze Aufmerksamkeit ohne ein Empfinden für Ablenkung wie in einem Brennpunkt sammelt. In Wirklichkeit gibt es so etwas wie Ablenkung gar nicht; es gibt nur Unachtsamkeit. — Nein? Ich freue mich, daß jemand nicht zustimmt.

Gibt es so etwas wie Ablenkung? Ich gehe spazieren, bewege mich und schaue mich um. Mein Geist wandert hierhin und dorthin, zu verschiedenen Stellen, und wenn diese mich anregen, wenn sie mich von der Hauptstraße, von meinem inneren Zentrum weglocken, sind das für mich Ablenkungen. Aber wenn da kein Zentrum des Selbst mehr ist, kein geradliniger Weg, auf dem ich dahinwandere, dann gibt es keine Ablenkung.

Es ist sehr wichtig, das zu verstehen. Wenn Sie dieses eine sehr klar begreifen, werden Sie entdecken, daß jede Anstrengung, sich zu konzentrieren und der Konflikt, den sie hervorruft, vollkommen verschwinden. Dann gibt es keine

Ablenkung mehr. Wenn Sie in den Himmel schauen, das Gesicht eines lieblichen Kindes sehen, den Fluß vorbeirauschen hören oder das schreckliche Geräusch einer Düsenmaschine über Ihren Häuptern; wenn Sie die Menschen beobachten, die Politiker, die Priester, wenn Sie Ihren Gedanken und Ihrem Herzen lauschen, wenn Sie Ihrer eigenen Wünsche, Ihrer Hoffnungslosigkeit gewahr sind — in keinem dieser Dinge, vom Aufschauen zum Himmel bis zum Hinschauen auf sich selbst, liegt eine Ablenkung. Es ist alles Teil eines Ganzen, und dieses eine Ganze kann nur gesehen werden, wenn Sie vollkommen achtsam sind; und vollkommene Achtsamkeit wird verneint, wenn Sie Ablenkung zulassen. Oh, sehen Sie das doch!

Bei vollkommener Aufmerksamkeit empfinden Sie kein Ding als Ablenkung. Ihre Sexualität, Ihre Eifersucht, Ihre Ängste, Ihre Furcht, Ihre Liebe, Ihre Leidenschaft — nichts, auf das Sie schauen, ist dann noch irgendeine Ablenkung. Jegliches Ding wird von der Flamme der Achtsamkeit erfaßt, und dann gibt es nichts Fragmentarisches mehr. Der Politiker, der Priester, das Ritual — sie sind alle Teil des Ganzen. In der positiven Bewegung des Geistes ist Ablenkung, ist Zersplitterung. Aber wenn der Geist ohne Regung und daher — wenn ich das Wort gebrauchen darf — negativ ist, dann ist das Leben nicht gespalten. Die Wolke am Himmel, der Staub auf der Straße, die Blume am Wegrand und das Geraune Ihrer eigenen Gedanken — alles ist dann *Teil* des Ganzen. Aber diese Ganzheit kann nur verstanden werden, wenn die positive Bewegung des Geistes vollkommen aufgehört hat.

So sehen Sie also ein, daß alle Bewegung des Geistes ein Ende nehmen muß, um zu diesem Zentrum zu gelangen, zu dieser ursprünglichen Quelle der Dinge, die das Höchste darstellt. Das geschieht aber nicht dadurch, daß Sie Ihren Geist mit Disziplin quälen oder so außerordentlich schwierige oder phantastische Probleme aufwerfen, wie sie es in gewissen Sekten tun, so daß der Geist durch Schock zum Schweigen gebracht wird. Das alles ist äußerst unreif. Vom Anfang an müssen Sie das Wahre in jeder Regung Ihres Denkens und Fühlens sehen; und Sie können das nur, wenn der Geist vollkommen "negativ", schweigend, ruhig ist; und das kann augenblicklich geschehen. Es ist, als ob Sie die Straße hinuntergehen — die Straße der positiven Handlung, der der Mensch gewohnheitsmäßig seit Jahrtausenden gefolgt ist. Sie können die Straße einfach entlanggehen — ohne irgendeine Erwartung, ohne irgendein Verlangen, ohne etwas zu suchen. Aber Sie können das nur tun, wenn Sie die Bewegung des ganzen menschlichen Lebens überblicken und nicht nur das Leben eines einzelnen Menschen; das heißt, wenn Sie in sich die Bewegung des Ganzen sehen. Wenn Sie das alles mit einem Blick wahrnehmen — das ist alles, was Sie zu tun haben, nichts sonst —, dann wandern Sie bereits in der Freiheit; und aus dieser Freiheit kommt eine Handlung, die den Geist nicht verkrüppelt.

Wollen Sie über diese Dinge Fragen stellen? Oder gibt es da nichts zu fragen?

Was ist Reife?

Sprechen wir über Reife? Nun gut, was ist Reife? Hat Reife irgend etwas mit dem Alter zu tun? Hat Reife irgend etwas mit Erfahrung, mit Wissen, mit Fähigkeit zu tun? Hat sie etwas mit Wettbewerb oder Geldanhäufung zu tun?

Wenn sie nichts dergleichen ist, was bedeutet Reife dann? Hat sie etwas mit der Zeit zu tun? Sagen Sie nicht leichtfertig "nein". Welches würde der Zustand Ihres Geistes sein, wenn Sie wirklich von der Zeit frei wären, wenn Zeit für Sie keinerlei Bedeutung hätte? Ich spreche nicht über die chronologische Zeit; sie hat offensichtlich ihre Bedeutung. Aber wenn die Zeit im psychologischen Sinne für Sie nichts mehr zu bedeuten hätte — Zeit, um etwas zu erreichen, um Erfolg zu haben, um zu überwinden, zu bewältigen, Zeit um klug zu werden, um zu begreifen, zu vergleichen —, würden Sie dann nicht reif sein? Nur der unschuldige Geist ist reif, nicht der Geist, der seit tausend Jahren Wissen angehäuft hat. Wissen ist auf bestimmten Ebenen erforderlich und hat dort seine Bedeutung; aber Wissen bewirkt keine Klarheit, keine Unschuld. Unschuld besteht nur, wenn jeder Konflikt beendet ist. Wenn sich der Geist nicht mehr in irgendeine besondere Richtung bewegt, weil alle Richtungen verstanden worden sind — dann ist er in jenem Zustand der Ursprünglichkeit, der Unschuld, und von dort kann er in unermeßliche Weiten vordringen, wo das Höchste sein mag; und nur solch ein Geist ist reif.

Vollkommenes Handeln

Ich würde gerne dort fortfahren, wo wir neulich stehen geblieben sind. Ich glaube, es ist sehr wichtig, das gesamte Problem der Handlung zu verstehen. Ich gebrauche dieses Wort nicht in einem abstrakten Sinne oder als bloße Idee. Ich meine den tatsächlichen Akt des Handelns, irgendeines Tuns. Ob Sie im Garten graben, in das Büro gehen, auf einen Baum schauen, dem Lauf eines Flusses folgen oder nur so auf einer Straße dahinwandern, ohne Gedanken, und ruhig die Dinge betrachten — alles, was Sie auch tun mögen, ist Teil des Handelns. Und bei den meisten Menschen ruft das Handeln Konflikte hervor. Unsere Handlung, wie angeblich tiefgründig oder wie oberflächlich sie sein mag, wird zur Wiederholung, wird ermüdend, langweilig, eine bloße Tätigkeit ohne viel Bedeutung. Darum halte ich es für sehr wichtig zu verstehen, was Handlung eigentlich ist.

Irgend etwas zu tun — zu gehen, zu sprechen, zu schauen, zu denken, zu fühlen — verlangt Energie. Die Energie wird aber vergeudet, wenn ihrer Ausdrucksform Konflikte anhaften. Wie wir beobachten können, bringen alle unsere Handlungen, ganz gleich auf welcher Ebene, Konflikte irgendeiner Art hervor. Sie erzeugen in uns ein Gefühl der Anstrengung, einen gewissen Widerstand, eine Ablehnung oder Gegenwehr. Ist es nun überhaupt möglich, ohne Konflikt, ohne Widerstand zu handeln — und sogar ohne Anstrengung?

Hierüber würde ich gerne, wenn Sie es erlauben, heute morgen sprechen.

Man sieht, was sich in der Welt ereignet. Die Computer, die Elektronengehirne und verschiedene Formen der Automation tragen dazu bei, dem Menschen mehr und mehr Muße zu geben, und diese Muße wird durch organisierte Religion und durch sogenannte Freizeitgestaltung monopolisiert. Ich bezweifle, daß zwischen diesen beiden ein großer Unterschied besteht, jedoch wollen wir sie im Augenblick getrennt halten.

Wenn der Mensch sehr viel Muße hat, hat er mehr Energie — weit mehr Energie —, und die Gesellschaft verlangt, daß er diese Energie in der richtigen Art, das heißt, nicht antisozial verwendet. Um die antisozialen Gefühle im Zaume zu halten, wird sich der Mensch entweder an eine organisierte Religion oder an Unterhaltungen jeder Art verlieren; oder er wird sich der Literatur, der Kunst, der Musik hingeben — was eine andere Form der Unterhaltung ist. Das hat zur Folge, daß der Mensch immer oberflächlicher wird. Er mag alle Bücher der Welt lesen; er mag versuchen, die Kompliziertheit der Theologie, der Philosophie, der Wissenschaft zu verstehen; er mag mit bestimmten Fakten und dem Neuesten in der Literatur vertraut werden — aber es wird nur ein Äußerliches bleiben, wie es auch die verchiedenen Religionen und Unterhaltungen sind. Die organisierten Religionen behaupten, daß sie nach einem verinnerlichten Leben trachten, aber sie fordern Glauben, Dogmen, Riten, Anpassung — wie wir alle wissen.

Nun, solange wir uns nicht all dieser Beschränkungen, die der modernen Zivilisation anhaften, sehr bewußt sind, werden unsere Energien durch sie aufgezehrt, und unser Handeln wird dadurch sehr oberflächlich bleiben; und wegen dieser Oberflächlichkeit werden unsere Konflikte sowohl in uns selbst wie mit anderen Menschen und der Gesellschaft weiter bestehen. In jeder Form menschlichen Bemühens — künstlerisch, wissenschaftlich, mathematisch, industriell und in den Beziehungen zu unserer Frau oder dem Mann, zu unseren Kindern, zu unserem Nachbarn — wird der Konflikt fortdauern; und der Konflikt ist eine Verschwendung der Energie. Um den Konflikt aufhören zu lassen und dadurch die Energie zu bewahren, muß man von sich aus verstehen, was Handlung ist, und ohne dieses Verständnis wird unser Leben mehr und mehr veräußerlicht, während wir im Innern immer hohler werden. Das ist kein Standpunkt, über den zu diskutieren oder der zu bezweifeln ist. Es geht nicht darum, meine Meinung gegen Ihre Meinung zu setzen. Es handelt sich hier um wirkliche Tatsachen.

So haben wir also zunächst zu fragen, was wir unter Handlung im üblichen Sinne verstehen. All unser Handeln hat ein verborgenes oder deutlich sichtbares Motiv, nicht wahr? Entweder trachten wir nach einer Belohnung oder handeln aus Furcht oder versuchen etwas zu erreichen. Unsere Handlung paßt sich immer einer Norm, einer Idee an, oder sie versucht einem Ideal nahezukommen. Fügsamkeit, Anpassung, Annäherng, Widerstand, Verneinung — das ist alles, was wir über das Handeln wissen, und es schließt eine Reihe von Konflikten ein.

Wie ich neulich sagte, ist es immer recht schwierig, sich über Dinge zu verständigen, zu denen wir keine tiefe Beziehung haben. Ich wünsche mit Ihnen über einen geistigen Zustand Klarheit zu gewinnen, der das völlige Gegenteil dieses Konfliktes ist, den wir jetzt als Handlung bezeichnen! Es gibt eine totale Handlung, eine Handlung ohne Konflikt, und ich habe den Wunsch, Ihnen darüber etwas zu sagen — nicht, daß Sie es annehmen oder verwerfen sollten oder dadurch hypnotisiert werden. Sie wissen, daß es eines der schwierigsten Dinge ist, auf einem Podium zu sitzen und zu sprechen, während die anderen zuhören — wenn sie überhaupt zuhören —, und zugleich die rechte Beziehung zwischen dem Zuhörer und dem Sprecher herzustellen. Sie sind nicht hier, um sich durch eine Fülle von Worten mesmerisieren zu lassen, noch wünsche ich, Sie in irgendeiner Art und Weise zu beeinflussen.

Ich treibe keine Propaganda für eine Idee, und es ist nicht meine Absicht, Sie zu belehren. Wie ich schon oft darauf hingewiesen habe, gibt es weder den Lehrer noch den Belehrten, es gibt nur den Zustand des Lernens. Sie und ich können aber unmöglich lernen, wenn Sie darauf warten, daß man Ihnen sage, was Sie tun sollen. Wir befassen uns hier nicht mit Meinungen. Ich habe keine Ansichten. Was ich zu tun versuche, ist nichts anderes, als gewisse Tatsachen darzulegen, und Sie können auf sie hinschauen, sie für sich prüfen oder auch nicht. Das bedeutet, daß wir die richtige Beziehung zueinander herstellen müssen, so daß wir zu einer Kommunion kommen, die nicht nur intellektuell, sondern eine totale Wahrnehmung der Tatsache ist, auf die wir gemeinsam schauen. Wir tauschen nicht Gedanken miteinander aus, wir kommen vielmehr gemeinsam zu einer Einigung mit der Tatsache, und darum wird die Tatsache weit wichtiger als Sie nd ich. Es ist die Tatsache und unsere gemeinsame Wahrnehmung der Tatsache, die allein die richtige Umweltbeziehung oder Atmosphäre schaffen können und wodurch zwangsläufig eine tiefgreifende Wirkung auf uns ausgeübt wird. So glaube ich, daß es außerordentlich wichtig ist, auf die Dinge hinzuhören — auf den Fluß, auf das Rauschen dieser Bäume oder auf unsere eigenen Gedanken und

Gefühle —, wenn wir die Tatsache selbst betrachten wollen und nicht eine Idee oder eine Meinung über die Tatsache.

Wir wissen alle, daß unsere Handlung Konflikt hervorruft. Jede Handlung, die sich auf eine Idee, einen Begriff, eine Formel stützt oder die sich einem Ideal annähert, muß unvermeidlich Konflikt erzeugen. Das ist einleuchtend. Wenn ich nach einer Formel, einer Schablone, einer Vorstellung handele, dann bin ich immer aufgespalten zwischen dem, was ich tatsächlich bin, und dem, was ich in Hinblick auf diese Tatsache glaube tun zu müssen. Auf diese Weise kommt niemals eine vollkommene Handlung zustande. Es besteht immer nur eine Annäherung an eine Idee oder an ein Ideal, und darum haftet allen Handlungen, wie wir sie kennen, der Konflikt an — und das ist Energieverschwendung und der Anlaß für die Entartung des Geistes. Bitte, beobachten Sie den Zustand und die Tätigkeit Ihres eigenen Geistes, und Sie werden erkennen, daß das wahr ist.

Nun frage ich mich: Gibt es eine Handlung ohne eine Idee und daher ohne Konflikt?

Oder, um es anders auszudrücken: Muß Handlung immer Anstrengung, Kampf, Konflikt erzeugen?

Zum Beispiel ist mein Sprechen hier eine Form der Handlung. Sicherlich liegt in dieser Handlung nur dann Konflikt, wenn ich versuche, mich zur Geltung zu bringen, wenn ich versuche, jemand zu sein, wenn ich versuche, Sie zu überzeugen. Darum ist es unendlich wichtig, selbst herauszufinden, ob es eine Möglichkeit gibt, ohne den geringsten Konflikt zu leben und zu wirken, das heißt, ob ein Handeln möglich ist, bei dem der Mensch intakt bleibt, ohne zu entarten, ohne irgendwie verdorben zu werden.

Es muß aber zu einer Verzerrung des Geistes kommen, wenn er in irgendeiner Weise beeinflußt oder durch Konflikte gebunden wird; das wäre Verschwendung der Energie. Die Wahrheit des eben Gesagten einzusehen, ist für mich von wirklichem Interesse und muß es auch für Sie sein. Denn wir versuchen hier zu erkennen, ob es möglich ist, ohne Leid, ohne Verzweiflung, ohne Angst zuleben, ohne jegliche Art von Tätigkeit, die eine geistige Entartung zur Folge hat. Wenn das möglich ist — was geschieht dann mit solch einem Wesen?

Was geschieht mit einem Menschen, der nie durch die Gesellschaft beeinflußt wird, der keine Furcht kennt, der nicht gierig, neidisch, ehrgeizig ist, der keine Macht sucht?

Um das herauszufinden, müssen wir damit beginnen, uns des gegenwärtigen Zustandes unseres Geistes mit all seinen Konflikten, Nöten, Enttäuschungen, Verirrungen, seiner Entartung und Verzweiflung bewußt zu sein. Wir müssen unserer selbst vollkommen gewahr sein und dadurch Energie sammeln; und dieser Energiegewinn ist bereits die Handlung, die den Geist von all dem Schutt reinigen wird, den der Mensch durch die Jahrhunderte angehäuft hat.

So sind wir nicht an der Handlung um ihrer selbst willen interessiert. Wir wünschen herauszufinden, ob es eine Handlung gibt, die in keiner Weise Widerspruch hervorbringt. Wie wir gesehen haben, sind es die Ideen, Begriffe, Formeln, Schablonen, Methoden, Dogmen, Ideale, die den Widerspruch in der Handlung erzeugen. Ist es nun möglich, ohne eine Idee zu leben — das heißt, ohne Schablone, ohne Ideal, ohne eine Vorstellung oder einen Glauben? Es ist bestimmt sehr wichtig, die Wahrheit in dieser Frage für sich herauszufinden — wie man sehr wohl einsehen kann, daß

Vollkommenes Handeln

Liebe keine Idee, keine Norm, kein Begriff ist. Die meisten von uns haben von der Liebe eine feste Vorstellung, aber diese Vorstellung ist offensichtlich keine Liebe. Entweder wir lieben, oder wir lieben nicht.

Ist es möglich, in dieser Welt zu leben, ins Büro zu gehen, zu kochen, Geschirr zu waschen, Auto zu fahren und all die anderen Dinge des täglichen Lebens zu verrichten, die eine ständige Wiederholung darstellen und die Konflikte hervorrufen — ist es möglich, all diese Dinge zu tun, zu leben und zu handeln, ohne damit Ideen zu verknüpfen und dadurch die Handlung von allem Widerspruch zu befreien?

Ich weiß nicht recht, ob Sie wohl je eine menschenüberfüllte Straße oder einen einsamen Landweg entlanggegangen sind und auf die Dinge absichtslos, ohne Gedanken geschaut haben? Es ist ein Zustand der Wahrnehmung, in den sich keine Gedanken einmischen. Obgleich Sie dabei eines jeden Dinges um sich gewahr sind und Sie den Menschen, den Berg, den Baum oder das entgegenkommende Auto klar erkennen mögen, funktioniert der Geist dennoch nicht nach der üblichen Denkschablone. Ich weiß nicht, ob Ihnen das jemals passiert ist. Versuchen Sie es doch manchmal, wenn Sie Auto fahren oder spazieren gehen. *Schauen* Sie nur — ohne Gedanken; beobachten Sie ohne Reaktion, die das Denken erzeugt. Obgleich Sie Farben und Formen klar erkennen, obgleich Sie den Fluß, das Auto, die Ziege, den Bus sehen, zeigt sich keine Reaktion, vielmehr beobachten Sie die Dinge negativ; und eben dieser Zustand negativer Betrachtung ist Handlung. Solch ein Mensch kann unter Verwertung seines Wissens das Notwendige tun, aber er ist in seinem Tun frei von einem Denken, das sich in den üblichen Bahnen der Reaktion bewegt. In einem solchen Zustand, mit einem

Geist, der infolge seiner umfassenden Achtsamtkeit ohne Reaktion ist, können Sie ins Büro gehen — können Sie *alles* tun.

Die meisten Menschen denken unentwegt an sich selbst, vom Morgen bis zum Abend, und funktionieren nach der Schablone dieser ichbezogenen Tätigkeit. Jede Beschäftigung in dieser Art ist Reaktion und führt unweigerlich zu den verschiedensten Konflikten und zur Entartung.

Ist es nun möglich, *nicht* innerhalb dieser Norm tätig zu sein und dennoch in dieser Welt zu leben? Ich meine damit nicht, abgesondert in einer Berghöhle oder auf ähnlich absonderliche Art zu leben, sondern frage, ob es möglich ist, in dieser Welt zu leben und als ein absolut menschliches Wesen aus einem Zustand der Leerheit zu wirken — wenn Sie die Verwendung dieses Wortes nicht mißverstehen wollen. Ob sie malen oder Gedichte schreiben oder ins Büro gehen oder sich unterhalten — können Sie dabei in Ihrem Innern jederzeit einen leeren Raum haben und aus dieser Leere heraus wirken? Denn wenn dieser leere Raum da ist, erzeugt Handlung keinen Widerspruch.

Ich glaube, das zu entdecken, ist eine sehr wichtige Sache und Sie müssen es für sich entdecken, weil es nicht gelehrt oder erklärt werden kann. Zuvor aber müssen Sie begreifen, wie jede egozentrische Handlung Konflikt hervorbringt, um sich dann zu fragen, ob sich der Mensch jemals mit einer solchen Handlung begnügen kann. Er mag vorübergehend damit zufrieden sein. Aber wenn Sie wahrnehmen, daß in allen diesen Handlungen der Konflikt unvermeidlich ist, sind Sie bereits auf dem Wege, herauszufinden, ob es eine andere Art der Handlung gibt — eine Handlung, die nicht zu Konflikten führt; und dann kommen Sie zwangsläufig zu der Gewißheit, daß es solche Handlung gibt.

Vollkommenes Handeln

So erhebt sich die Frage: Woher kommt es, daß wir immer Befriedigung suchen?

In all unseren Beziehungen und in allem, was wir auch tun, ist immer der Wunsch nach Erfüllung vorhanden, der Wunsch, befriedigt zu werden und in diesem selbstzufriedenen Zustand zu verbleiben. Was wir Unzufriedenheit nennen, entsteht nur dann, wenn die Dinge uns nicht mehr erfreuen — und solche Unzufriedenheit läßt nur eine weitere Reihe von Reaktionen entstehen.

Nun scheint es mir, daß ein Mensch, der sehr ernsthaft ist und das alles durchschaut — wie nämlich menschliche Wesen seit Jahrtausenden in höchster Verwirrung und äußerstem Elend gelebt haben —, ohne je vollkommen gehandelt zu haben —, für sich herausfinden muß, ob er fähig ist, aus einer Gesinnung zu wirken, die nicht durch die Gesellschaft verdorben worden ist. Er kann das nur ergründen, wenn er von der Gesellschaft frei ist. Ich meine die Freiheit von der psychologischen Struktur der Gesellschaft, die aus Gier, Neid, Ehrgeiz und betontem Eigendünkel besteht.

Wenn diese ganze psychologische Struktur verstanden worden ist und beiseite geräumt werden konnte, ist man von der Gesellschaft frei. Man mag dann weiterhin ins Büro gehen, ein paar Hosen kaufen und so fort; aber man ist frei von dem psycholgischen Gebilde, das den Geist verdirbt.

So kommt man zu dem Punkt, wo man für sich entdeckt, daß die vollkommene Freiheit von der psychologischen Struktur der Gesellschaft ein vollkommenes Nichttun ist; und dieses vollkommene Nichttun ist totale Handlung, die keinen Widerspruch und damit keinen Verfall hervorbringt.

Ich habe gesagt, was ich an diesem Morgen sagen wollte, und vielleicht können wir darüber diskutieren, oder Sie können darüber Fragen stellen.

Können wir unseren Geschäften nachgehen und ohne Wettbewerb arbeiten?

Kann man es nicht, mein Herr? Können Sie nicht ins Büro gehen und Ihre Arbeit verrichten, ohne in Wettbewerb zu treten? Es liegt nicht bei mir zu sagen, daß Sie es können oder nicht oder daß Sie es müssen und so fort. Aber Sie sehen, was Wettbewerb anrichtet, wie er Streit, Furcht, ein unbarmherziges Verfolgen Ihrer eigenen Wünsche hervorruft, nicht nur in Ihnen selbst, sondern auch draußen in der Welt. Sie sehen das alles, und Sie fragen sich, ob es möglich ist, in dieser Welt ohne Wettkampf zu leben.

Das bedeutet, zu leben ohne zu vergleichen; es bedeutet, daß Sie etwas tun, das Sie wirklich sehr gerne tun, das Sie außerordentlich interessiert. Oder wenn Sie infolge Ihrer Verpflichtungen an eine Arbeit gebunden sind, die Sie nicht lieben, müssen Sie herausfinden, wie Sie diese Arbeit ohne Wetteifer wirkungsvoll ausführen können. Und das verlangt sehr viel Aufmerksamkeit, nicht wahr? Sie müssen eines jeden Gedankens, eines jeden Gefühls in einem außerordentlich hohen Maße gewahr sein, sonst werden Sie sich bloß die Idee aufbürden, daß Sie nicht wetteifern dürfen — aber dann wird das zu einem anderen Problem.

Aber Sie können all der Verwicklungen, die der Konkurrenzkampf mit sich bringt, gewahr sein. Sie können der Wahrheit gemäß erkennen, wie daraus Konflikt und unauf-

Vollkommenes Handeln 111

hörlicher Kampf entsteht; Sie können wahrnehmen, daß der Wettbewerb — obgleich mit ihm ein großer sogenannter Fortschritt und konkurrenzfähige Leistungen verbunden sein mögen — den Menschen zwangsläufig zur Feindschaft führt und er ohne Zuneigung ist. Wenn Sie das alles einsehen, dann werden Sie aufgrund dieser Wahrnehmung handeln — entweder weiter wetteifern, oder Sie werden von dem Wetteifer ganz frei sein.

Ich glaube nicht, daß eine sich wiederholende Handlung notwendigerweise langweilig ist.

Man hat festgestellt, wie Ihnen bekannt sein wird, daß ein Mensch, der in einer Fabrik immer und immer wieder dieselbe Arbeit verrichtet, nicht sehr produktiv ist, und mir wurde gesagt, daß sie in Amerika gegenwärtig damit experimentieren, die Arbeiter in bestimmten Fabriken ihre Erfahrungen während des fortschreitenden Arbeitsganges machen zu lassen. Das Ergebnis hat gezeigt, daß sie, da sich ihre Arbeit nicht so sehr wiederholt, sehr viel mehr produzieren. Selbst wenn Sie an einer bestimmten Arbeit sehr viel Freude haben, wird diese Arbeit, wenn Sie sie endlos wiederholen, zur bloßen Routine und ziemlich ermüdend.

Wie steht es mit dem Künstler?

Wenn der Künstler sich nur wiederholt, hat er gewiß aufgehört, ein Künstler zu sein. Ich glaube, wir bringen die beiden Worte 'Wiederholung' und 'Schöpfung' durcheinander, nicht wahr? Was ist Schöpfung?

Ein Mann, der gute Schuhe macht, ist schöpferisch.

Gute Schuhe zu machen, Brot zu backen, Kinder zur Welt zu bringen, Gedichte zu schreiben und ähnliches — ist das Schöpfung? Stimmen Sie dem bitte nicht zu, und lehnen Sie es nicht ab; warten Sie noch einen Augenblick.

Ich verstehe nicht, wie man in einem leeren Raum leben kann.

Madame, ich glaube, wir haben einander mißverstanden; es tut mir leid. Es ist möglicherweise auf die Wahl meiner Worte zurückzuführen, die vielleicht nicht so gut ist, wie sie sein sollte, und wahrscheinlich verstehen Sie nicht genau, was ich mit Leerheit meine.

Aber wir sprechen jetzt über Schöpfung.

Ich habe gehört, daß sie an einer bestimmten Universität Dinge lehren, die sie als schöpferisches Schreiben und schöpferisches Malen bezeichnen. Kann Schöpfertum gelehrt werden? Wird die fortgesetzte Übung einer Sache den schöpferischen Geist hervorbringen? Sie mögen von einem Meister die Technik des Geigenspiels lernen, aber durch die Technik können Sie offensichtlich keine geniale Schöpferkraft erlangen. Wenn man hingegen diesen schöpferischen Geist besitzt, wird er die Technik hervorbringen, aber nicht umgekehrt. Die meisten von uns glauben, daß wir durch den Erwerb der Technik das andere erlangen werden.

Wir wollen ein sehr einfaches Beispiel nehmen — obgleich alle Beispiele unzulänglich sind. Was ist ein einfaches Leben? Das einfache Leben, so sagen wir, bedeutet, sehr wenig Besitz zu haben, sehr wenig zu essen und sich in seinem Tun von diesem und jenem zurückzuhalten. In Asien meint man, daß ein Mensch, der ein Leinentuch trägt, der für sich lebt und nur eine Mahlzeit am Tage einnimmt, ein sehr einfaches Leben führt — aber im Innern mag dieser Mensch in einem vulkanischen Aufruhr sein, brennend vor Wünschen, Leidenschaften, Ehrgeiz.

Das einfache Leben eines solchen Menschen ist nur eine Zurschaustellung, die jeder lobend anerkennt und sagt: ,,Was für ein einfacher Mensch er ist!''. Das ist der wirkliche Zustand der meisten Heiligen: Äußerlich sind sie sehr einfach, aber im Innern sind sie ehrgeizig, disziplinieren sie den Geist, zwingen sich zur Anpassung an eine bestimmte Lebensnorm und was es sonst noch sein mag.

So scheint mir, daß Einfachheit innen beginnt, nicht außen. Ebenso ist es auch zu verstehen, daß Schöpfung nicht durch Ausdrucksformen hervorgebracht werden kann. Man muß in diesem Zustand der Schöpfung *sein* und kann ihn nicht durch die Ausdrucksweise suchen. In dem Zustand der Schöpfung zu sein, bedeutet, daß man das Höchste entdeckt, und das kann sich nur ereignen, wenn das Selbst in *keiner Richtung* mehr tätig ist.

Ich komme zurück auf das, was die Dame über Leerheit gesagt hat. Die meisten von uns leben in der Isolierung, obgleich wir äußerlich miteinander verbunden sind — und über diese Isolierung spreche ich nicht. Leerheit ist etwas ganz anderes als Isolierung. Es muß eine Leere zwischen Ihnen und mir sein, damit wir einander sehen können; es muß Raum da sein, durch den ich hören kann, was Sie sagen, und durch den Sie hören können, was ich sage. In gleicher

Weise muß im Geist Raum sein, das heißt, das Bewußtsein darf nicht mit so vielen Dingen vollgestopft sein, daß überhaupt kein Raum mehr vorhanden ist. Nur wenn innerhalb des Geistes Raum ist, das heißt, wenn der Mensch nicht mit egozentrischem Tun vollgestopft ist — nur dann ist es möglich, um die Bedeutung des Lebens zu wissen. Aber in der Isolierung ist das nicht möglich.

Würden Sie etwas mehr über Energie sagen?

Jegliches Tun, wie unbedeutend es auch sein mag, erfordert Energie, nicht wahr? Aufzustehen und aus diesem Zelt zu gehen, zu denken, zu essen, Auto zu fahren — *jede* Art von Handlung erfordert Energie, und wenn wir etwas tun, entsteht bei den meisten von uns ein gewisser Widerstand, wodurch Energie vertan wird — es sei denn, daß uns unser Tun zufällig Vergnügen bereitet; in diesem Falle gibt es keinen Konflikt, und der Kontinuität der Energie wird kein Widerstand entgegengesetzt.

Wie ich früher sagte, benötigt man Energie, um vollkommen achtsam zu sein, und in dieser Energie ist kein Widerstand, solange keine Ablenkung eintritt. An in dem Augenblick, da eine Ablenkung besteht — das heißt, in dem Augenblick, da Sie sich auf etwas zu konzentrieren wünschen und zur gleichen Zeit aus dem Fenster schauen möchten —, entsteht ein Widerstand, ein Konflikt. Nun, das Aus-dem-Fenster-schauen ist genau so wichtig wie ein anderes Schauen — und wenn Sie einmal die Wahrheit dessen einsehen, dann gibt es keine Ablenkung und keinen Konflikt mehr.

Um physische Energie zu haben, müssen Sie offensichtlich die rechte Art der Nahrung zu sich nehmen, genügend Ruhe haben und so fort. Mit diesen Dingen können Sie selbst experimentieren, und wir brauchen darüber nicht zu diskutieren. Dann gibt es die psychologische Energie, die sich auf verschiedene Art verzettelt. Um diese Energie zu besitzen, sucht der Geist einen Anreiz. In die Kirche gehen, sich Fußballspiele ansehen, Literatur lesen, Musik hören, Zusammenkünfte wie diese hier besuchen — all diese Dinge regen Sie an; und wenn Sie den Wunsch haben, angeregt zu werden, bedeutet es, daß Sie psychologisch abhängig sind. Jedes Begehren nach Anreiz bedeutet die Abhängigkeit von irgend etwas — sei es ein Drink, eine Droge, ein Redner oder ein Kirchgang. Und die Abhängigkeit von Anregungen in *irgendeiner* Form stumpft nicht nur den Geist ab, sondern veranlaßt auch die Zersplitterung der Energie. Um nun die Energie zu bewahren, muß jede Form der Abhängigkeit von Reizmitteln verschwinden, und um das zu erreichen, muß man der Abhängigkeit *gewahr* sein. Sei es, daß man in seinem Bedürfnis nach Anregungen von seiner Frau oder dem Ehemann, von einem Buch, von der Büroarbeit, einem Kinobesuch abhängig ist — welche besondere Art des begehrten Reizmittels es auch sein mag: Man muß zuallererst ihrer gewahr sein. Stimulationen einfach hinzunehmen und mit ihnen zu leben, zerstört die Energie und verdirbt den Geist. Man kann aber von ihnen frei sein, wenn man ihrer gewahr wird und ihre große Bedeutung im eigenen Leben erkennt. Durch Gewahrsein des eigenen Selbst — was nicht mit Selbstverurteilung und ähnlichem zu tun hat, sondern nur ein unausweichliches Gewahrsein seiner selbst bedeutet — lernt man jede Art des Einflusses, jede Art der Abhängigkeit, jede Art der Anregung kennen, und diese Bewegung des Lernens gibt dem Menschen die Energie, sich aus jeder Abhängigkeit von Reizmitteln zu lösen.

Einheit
vom Leben und Tod

Vielleicht können wir an diesem Morgen all unsere Probleme beiseite tun — die wirtschaftlichen Probleme, die Probleme unserer persönlichen Beziehungen, der Kränklichkeit und auch die mannigfachen größeren Probleme, die uns umgeben, die nationalen und internationalen, die Probleme des Krieges, der Hungersnot, des Aufruhrs und so fort. Nicht, damit wir ihnen entrinnen; aber wenn wir sie alle beiseite tun können, wenigstens für diesen Morgen, werden wir vielleicht fähig sein, uns ihnen in anderer Art zu nähern — mit einem frischen Geist, mit einer schärferen Wahrnehmung —, um sie dann neu, mit größerer Kraft und Klarheit anzupacken.

Mir scheint, daß nur die Liebe eine echte Revolution hervorrufen kann und daß jede andere Form der Revolution — die sich etwa auf wirtschaftliche Theorien oder auf soziale Ideologien stützt — nur weitere Unordnung, mehr Verwirrung und Elend erzeugen wird. Wir können nicht hoffen, das grundlegende menschliche Problem dadurch zu lösen, daß wir seine vielen Teile verbessern und neu zusammensetzen. Nur wenn große Liebe vorhanden ist, können wir eine umfassende Sicht gewinnen und dadurch zu einer totalen Handlung kommen — statt zu dieser einseitigen, fragwürdigen Aktivität, die wir jetzt Revolution nennen und die nirgendwo hinführt.

An diesem Morgen würde ich gerne über etwas sprechen, das das Leben in seiner Ganzheit umfaßt — etwas, das nicht fragmentarisch ist, sondern eine totale Betrachtung der menschlichen Gesamtexistenz bedeutet. Um da möglichst tief einzudringen, muß man meiner Ansicht nach aufhören, sich an Theorien, Glaubenssätze und Dogmen zu binden.

Die meisten von uns pflügen unaufhörlich den Boden des Geistes, aber wir scheinen nie zu säen; wir analysieren, diskutieren, wir reißen die Dinge in Stücke, aber wir verstehen das Leben in seiner großen Bewegung nicht.

Nun, ich glaube, daß es drei Dinge gibt, die wir zutiefst verstehen müssen, wenn wir den vollen Rhythmus des Lebens begreifen wollen. Es sind: Zeit, Leid und Tod.

Die Zeit zu verstehen, die volle Bedeutung des Leides zu erfassen und den Tod auf sich zu nehmen — das erfordert Lauterkeit der Liebe. Liebe ist weder eine Theorie, noch ist sie ein Ideal. Entweder lieben Sie, oder Sie lieben nicht; gelehrt werden kann es nicht. Sie können darin keinen Unterricht nehmen, und es gibt auch keine Methode, durch deren tägliche Ausübung Sie erfahren können, was Liebe ist. Aber ich glaube, daß man natürlich, mühelos, spontan lieben kann, wenn man wirklich die Bedeutung der Zeit versteht, den außerordentlich tiefen Sinn des Leides und die Reinheit, die mit dem Tode kommt. Auf diese Art können wir vielleicht — und zwar faktisch, nicht theoretisch oder abstrakt — das Wesen der Zeit, die Beschaffenheit oder Struktur des Leides und das Ungewöhnliche, das wir Tod nennen, betrachten. Diese drei Dinge sind nicht getrennt. Wenn wir die Zeit verstehen, werden wir die Bedeutung des Todes und auch des Leides verstehen. Wenn wir aber die Zeit als etwas ansehen, das abseits von Leid und Tod existiert und sie getrennt zu behandeln versuchen, dann wird unsere Einstellung fragmentarisch sein, und wir werden niemals die außerordentliche Schönheit und Lebendigkeit der Liebe erfassen.

So wollen wir uns denn an diesem Morgen mit der Zeit beschäftigen, nicht als Abstraktion, sondern als Aktualität — Zeit als Dauer, als Fortbestand des Daseins. Es gibt die chronologische Zeit, die Stunden und Tage, die sich zu Millionen von Jahren ausdehnen. Diese chronologische Zeit hat den Geist hervorgebracht, mit dem wir wirken. Der Geist ist das Ergebnis der Zeit — Zeit als Fortdauer der Existenz. Und die Vervollkommnung oder Verfeinerung des Geistes im Laufe dieses Prozesses nennen wir Fortschritt.

Zeit ist auch die psychologische Dauer, die der Gedanke als ein Mittel geschaffen hat, um ein Ziel zu erreichen. Wir benutzen die Zeit, um Fortschritte zu machen, etwas zu erlangen, zu werden, ein bestimmtes Resultat hervorzubringen. Für die meisten Menschen ist die Zeit ein Meilenstein zu etwas Größerem — zur Entwicklung bestimmter Fähigkeiten, zur Perfektionierung einer besonderen Technik, zur Erlangung eines Endzustandes, eines Zieles, sei es löblich oder nicht. So sind wir zu der Überzeugung gekommen, daß Zeit notwendig ist, um zu erkennen, was wahr ist, was Gott ist, was jenseits all der menschlichen Mühsal liegt.

Die meisten von uns betrachten die Zeit als einen Zwischenzustand, der von der Gegenwart bis zu jenem Augenblick in der Zukunft währt, da wir es geschafft haben. Wir benutzen diese Zeit, um den Charakter zu veredeln, um von einer bestimmten Gewohnheit loszukommen, um Muskelkraft oder eine Weltanschauung zu entwickeln.

Seit 2000 Jahren ist der Christen-Mensch daran gewöhnt worden, an einen Erlöser, an die Hölle, an den Himmel zu glauben; und im Osten wurde eine ähnliche Beschränkung des Geistes geschaffen, deren Entwicklung noch weiter zurückreicht. Wir denken, daß für alles, was wir tun oder verstehen sollen, Zeit erforderlich ist. Darum wird die Zeit zu einer Last, sie wird für die aktuelle Wahrnehmung zu einer Barriere; sie verhindert uns, die Wahrheit einer Sache augenblicklich zu sehen, weil wir glauben, daß wir uns dafür Zeit nehmen müssen. Wir sagen: ,,Morgen oder in ein paar Jahren werde ich diese Sache mit außerordentlicher Klarheit verstehen''. In dem Augenblick, da wir die Zeit zulassen, züchten wir die Trägheit, jene eigentümliche Lässigkeit, die uns daran hindert, die Sache unmittelbar so zu sehen, wie sie tatsächlich ist.

Wir glauben, daß wir Zeit benötigen, um die Beschränkungen zu durchbrechen, die die Gesellschaft uns durch ihre organisierten Religionen, ihren Moralkodex, ihre Dogmen, ihre Arroganz und ihren wetteifernden Geist aufgebürdet hat. Wir denken in Begriffen der Zeit, weil das Denken ein Zeitliches ist. Denken ist die Antwort des Gedächtnisses — Gedächtnis als der Hintergrund, der durch die Rasse, durch die Gemeinschaft, durch die Gruppe, durch die Familie und durch das Individuum aufgespeichert, ererbt und erworben ist. Dieser Hintergrund ist das Ergebnis des auf Vermehrung bedachten geistigen Prozesses, und seine Aufspeicherung hat Zeit in Anspruch genommen. Für die meisten von uns ist Geist das Erinnerungsvermögen, und wann auch immer wir herausgefordert oder in Anspruch genommen werden, ist es die Erinnerung, die antwortet. Dieser Vorgang kann mit der Arbeit des Elektronengehirns verglichen werden, das durch Assoziation funktioniert. Der Gedanke, der die Antwort des Gedächtnisses darstellt, ist seiner wesentlichen Natur nach das Produkt der Zeit und der Schöpfer der Zeit.

Bitte, was ich sage, ist keine Theorie, es ist nichts, über das Sie nachzudenken haben. Sie sollen nicht darüber nachdenken, sondern müssen es sehen, weil es so ist. Ich werde nicht auf alle komplizierten Einzelheiten eingehen; ich habe mich vielmehr darauf beschränkt, die wesentlichen Tatsachen aufzuzeigen, und entweder Sie sehen sie, oder Sie sehen sie nicht.

Wenn Sie dem folgen, was gesagt wird, nicht nur verbal, sprachwissenschaftlich oder analytisch, sondern wenn Sie wirklich sehen, daß es so ist, werden Sie erkennen, wie die Zeit täuscht. Und dann erhebt sich die Frage, ob die Zeit aufhören kann. Wenn wir fähig sind, den ganzen Prozeß unserer eigenen Aktivität zu sehen — seine Tiefe, seine Oberflächlichkeit, seine Schönheit, seine Häßlichkeit —, nicht morgen, sondern augenblicklich, dann ist diese Wahrnehmung bereits die Handlung, die die Zeit zerstört.

Wenn wir die Zeit nicht begreifen, können wir auch das Leid nicht verstehen. Es sind nicht zwei verschiedene Dinge, zu denen wir sie machen wollen. Wenn wir ins Büro gehen, mit unserer Familie zusammen sind, Kinder zeugen — das sind nicht getrennte, isolierte Geschehnisse. Im Gegenteil, sie sind alle tief und innig miteinander verbunden; und wir können diese enge Verbundenheit der Beziehungen nicht erkennen, wenn wir nicht das feine Empfindungsvermögen haben, das uns durch die Liebe gegeben wird.

Um das Leid zu verstehen, müssen wir das Wesen der Zeit und die Struktur des Denkens wirklichkeitsgemäß erkennen. Zeit muß aufhören, sonst repitieren wir nur wie ein Elektronengehirn die Kenntnisse, die wir angehäuft haben. Wenn die Zeit nicht gestoppt wird — und das wäre zugleich das Aufhören des Denkens —, gibt es nur Wiederholung, Anpassung, ständige Modifizierung. Dann gibt es nie etwas Neues. Wir sind glorifizierte Elektronengehirne — vielleicht ein bißchen unabhängiger, aber in der Art, wie wir funktionieren, gleichen wir doch einer Maschine.

Um nun das Wesen des Leides und die Aufhebung des Leides zu verstehen, muß man die Zeit verstehen, und das bedeutet, daß man das Denken versteht. Diese beiden sind nicht getrennt. Wenn man die Zeit versteht, überkommt man das Denken; und das Verständnis für das Denken ist die Aufhebung der Zeit und damit die Aufhebung des Leides. Wenn das völlig klar ist, dann können wir auf das Leid schauen, ohne es, wie es die Christen tun, anzubeten.

Was wir nicht verstehen, beten wir entweder an oder zerstören es. Wir sperren es in eine Kirche, in einen Tempel oder in einen dunklen Winkel des Geistes und behandeln es voller Ehrfurcht; oder wir geben ihm einen Fußtritt und schleudern es beiseite; oder wir flüchten vor ihm. Aber hier werden wir nichts dergleichen tun. Wir sehen, daß der Mensch seit Jahrtausenden mit diesem Problem des Leides gekämpft hat und daß er nicht fähig gewesen ist, es zu lösen. Deshalb ist er vor dem Leid hart geworden, er hat es angenommen in der Meinung, daß es ein unvermeidlicher Teil des Lebens sei.

Nun, das Leid einfach hinzunehmen, ist nicht nur töricht, sondern es fördert die geistige Dumpfheit. Es macht den Menschen gefühllos, brutal, oberflächlich, und dadurch wird das Leben zu einem wertlosen Prozeß, der nur aus Arbeit und Vergnügen besteht. Man führt eine brüchige Existenz als Geschäftsmann, als Wissenschaftler, als Künstler, als Gefühlsmensch, als ein sogenanntes religiöses Wesen und so fort. Aber um das Leid zu verstehen und von ihm frei zu sein, müssen Sie die Zeit verstehen und damit das Denken. Sie können das Leid nicht verneinen, nicht vor ihm davonlaufen, ihm nicht durch Vergnügungen, durch die Kirche, durch systematisierten Glauben entrinnen; Sie dürfen es auch nicht annehmen und anbeten — und all diese Dinge nicht zu tun, verlangt große Achtsamkeit, die Energie ist.

Das Leid ist im Mitleid mit sich selbst verwurzelt, und um das Leid zu verstehen, muß zunächst eine unbarmherzige Operation an jeder Selbstbemitleidung vorgenommen werden.

Ich weiß nicht, ob Sie beobachtet haben, wie leid Sie sich selber tun, wenn Sie z.B. sagen: ,,Ich bin einsam''. In dem Augenblick, da Sie sich selbst bemitleiden, haben Sie den Boden vorbereitet, in dem das Leid Wurzeln schlagen kann. Wie sehr Sie auch Ihr Mitleid mit sich selbst rechtfertigen, es vernunftgemäß deuten, verfeinern und mit Ideen überdecken mögen — es bleibt und schwärt verborgen in Ihnen weiter. So muß denn der Mensch, der das Leid verstehen will, damit beginnen, sich von dieser brutalen, ichbezogenen, selbstischen Trivialität der Selbstbemitleidung zu befreien.

Sie mögen Mitleid mit sich empfinden, weil Sie krank sind oder weil Sie jemanden duch den Tod verloren haben oder weil Sie keine Erfüllung fanden und daher enttäuscht und stumpf sind. Aber welches auch die Ursache sein mag — Selbstbemitleidung ist die Wurzel des Leides. Und wenn Sie einst von der Selbstbemitleidung frei sein werden, können Sie auf das Leid schauen, ohne es anzubeten oder vor ihm zu fliehen oder ihm eine erhabene spirituelle Bedeutung zu geben, indem Sie etwa sagen, daß Sie leiden müssen, um Gott zu finden — was völliger Unsinn ist.

Nur der dumpfe, stumpfsinnige Geist findet sich mit dem Leid ab. So darf das Leid, welcher Art es auch sein mag, weder angenommen noch darf es verneint werden. Wenn Sie vom Mitleid mit sich selber frei sind, haben Sie vom Leid alle Sentimentalität, alle Gefühlsschwärmerei abgestreift, die in der Selbstbemitleidung ihren Ursprung haben. Und dann sind Sie fähig, auf das Leid mit vollkommener Achtsamkeit zu schauen.

Ich hoffe, daß Sie das mit mir an diesem Morgen tatsächlich tun, jetzt, während wir darüber sprechen, und daß Sie das, was gesagt wird, nicht nur dem Worte nach annehmen.

Seien Sie Ihrer dumpfen Hinnahme des Leides bewußt, Ihrer rationalisierenden Betrachtungen, Ihrer Entschuldigungen, Ihrer Selbstbemitleidung, Ihrer Sentimentalität, Ihrer gefühlsbetonten Haltung gegenüber dem Leid, weil das alles eine Verschwendung der Energie ist. Um das Leid zu verstehen, müssen Sie ihm Ihre ganze Aufmerksamkeit zuwenden, und in dieser Achtsamkeit ist kein Platz mehr für Entschuldigungen, für Sentiment, für Vernunftgründe, da gibt es keinen Platz mehr für Selbstbemitleidung irgendwelcher Art.

Ich hoffe, daß ich mich klar genug ausdrücke, wenn ich über die Notwendigkeit spreche, daß man dem Leid seine ganze Aufmerksamkeit zuwenden muß. In dieser Achtsamkeit liegt keine Anstrengung, um das Leid aufzulösen oder zu verstehen. Man schaut nur, betrachtet nur. Jede Anstrengung, die gemacht wird, um das Leid zu verstehen, es vernunftgemäß zu deuten oder ihm zu entkommen, verneint jenen negativen Zustand vollkommener Achtsamkeit, in dem allein das Leid verstanden werden kann.

Um uns vom Leid zu befreien, zerlegen wir es nicht, untersuchen wir es nicht analytisch: denn das wäre nur ein anderer Trick des Geistes. Der Verstand analysiert das Leid und bildet sich dann ein, daß er es verstanden hat und von ihm frei ist — das ist Unsinn. Sie mögen sich von einem besonderen Leid befreien; aber das Leid wird in einer anderen Form wieder auftauchen. Wir sprechen über das Leid in seiner Gesamtheit — über das Leid an sich —, sei es das Ihre oder das meine oder das irgendeines anderen Menschen.

Wie ich gesagt habe, muß man die Zeit und das Denken durchschauen, um das Leid zu verstehen. Man muß unterschiedslos aller Fluchtversuche, aller Selbstbemitleidung, aller Wortspiele gewahr sein, so daß der Geist im Anblick einer Sache, die verstanden werden soll, vollkommen ruhig wird. Dann gibt es keine Aufteilung mehr zwischen dem Beobachter und dem beobachteten Gegenstand. Dann ist es nicht so, daß *Sie* — der Beobachter, der Denker — voller Leid sind und auf dieses Leid schauen, sondern es existiert nur noch der *Zustand* des Leides. Dieser Zustand eines ungeteilten Leides ist notwendig; denn wenn Sie als Beobachter auf das Leid schauen, rufen Sie Konflikt hervor, der den Geist stumpf macht, die Energie zerstreut und dadurch die Achtsamkeit verhindert.

Wenn der Mensch das Wesen von Zeit und Denken versteht, wenn er Selbstbemitleidung, Sentiment, Gefühlsschwelgerei und alles, was damit zusammenhängt, entwurzelt hat, dann wird das Denken, das diese ganze Komplexität geschaffen hat, aufgehoben und damit auch die Zeit. Dann sind Sie in direktem und innigem Kontakt mit dem, was Sie Leid nennen. Das Leid dauert nur an, wenn Sie vor ihm fliehen, wenn Sie den Wunsch haben, vor ihm davonzulaufen, es aufzulösen oder es anzubeten. Wenn aber von all dem nichts mehr vorhanden ist, weil der Geist in direktem Kontakt mit dem Leid steht und sich daher vor ihm vollkommen schweigend verhält, dann werden Sie unmittelbar entdecken, daß das Herz überhaupt nicht mehr leidet. In dem Augenblick, da der Mensch unmittelbar in Kontakt mit der Tatsache des Leides ist, löst dieser Zustand von sich aus all die leiderzeugenden Eigenschaften von Zeit und Denken auf. Und das ist das Ende des Leides.

Nun, wie können wir das verstehen, was wir den Tod nennen und vor dem wir uns so fürchten? Der Mensch hat viele Irrwege geschaffen, um mit dem Tod fertig zu werden — er betet ihn an, er verneint ihn, er klammert sich an unzählige Glaubenssätze und so fort. Aber um den Tod zu verstehen, müssen Sie sicherlich neuen Geistes zu ihm kommen, weil Sie wirklich nichts über den Tod wissen; ist es nicht so? Sie mögen Menschen sterben gesehen haben, und Sie haben bei sich selbst oder bei anderen das allmähliche Altwerden mit seinen Verfallserscheinungen beobachtet. Sie wissen, daß das physische Leben durch hohes Alter, durch Unfall, durch Krankheit, durch Mord oder Selbstmord endet; aber Sie kennen den Tod nicht so, wie Sie die Sexualität, den Hunger, die Grausamkeit, die Brutalität kennen. Sie wissen nicht wirklich, was es heißt, zu sterben, und darum hat der Tod für Sie überhaupt keinen Sinn. Das wovor Sie sich fürchten, ist eine Abstraktion, etwas, das Sie nicht kennen. Solange der Mensch nicht den Tod in seiner ganzen Weite und eigentlichen Bedeutung kennt, fürchtet er sich vor ihm — er fürchtet sich vor dem Gedanken, nicht vor der Tatsache, von der er ja nichts weiß.

Bitte, dringen Sie mit mir in dieses Problem noch ein wenig tiefer ein.

Wenn Sie plötzlich stürben, hätten Sie keine Zeit, um über den Tod nachzudenken und sich vor ihm zu fürchten. Aber zwischen dem Jetzt und dem Augenblick, da der Tod kommen wird, ist eine Spanne, und während dieses Intervalls haben Sie viel Zeit, sich zu ängstigen und ihn vernunftgemäß zu deuten. Sie wünschen, all die Bestrebungen, die Wünsche, das angesammelte Wissen in das nächste Leben — wenn es ein solches gibt - hinüberzuretten, und darum erfinden Sie Theorien, oder Sie glauben an eine irgendwie geartete Unsterblichkeit. Für Sie ist der Tod etwas vom Leben Getrenntes. Der Tod ist da drüben, während Sie hier sind, beschäftigt mit dem Leben — Sie fahren Auto, Sie haben Ihre Sexualität, Sie sind hungrig, Sie haben Ihre Sorgen, Sie gehen ins Büro, häufen Wissen an und so fort. Sie möchten nicht sterben, weil Sie Ihr Buch noch nicht zu Ende geschrieben haben oder noch nicht vollendet Geige spielen können. So trennen Sie den Tod vom Leben, und Sie sagen: ,,Ich werde das Leben jetzt verstehen, und später werde ich den Tod verstehen''. Aber diese beiden sind *nicht* getrennt — und das muß zuallererst verstanden werden. Leben und Tod sind eines; sie sind innigst miteinander verbunden, und Sie können nicht eines von ihnen isolieren und versuchen, es gesondert von dem anderen zu verstehen.

Aber die meisten von uns tun das. Wir teilen das Leben in beziehungslose, wasserdichte Schotten auf. Wenn Sie ein Volkswirtschaftler sind, dann beschäftigen Sie sich nur noch mit der Volkswirtschaft, und Sie wissen nichts von dem Übrigen. Als Arzt, der sich auf Nase und Hals oder auf das Herz spezialisiert hat, leben Sie 40 Jahre lang in diesem begrenzten Wissensbereich, und das ist Ihr Himmel, wenn Sie sterben.

Wenn man sich fragmentarisch mit dem Leben befaßt, so folgt daraus zwangsläufig, daß man in ständiger Verwirrung, im Widerspruch und Elend lebt. Sie müssen das Leben in seiner Ganzheit sehen; und das können Sie nur, wenn Sie voller Zuneigung sind, wenn Sie lieben. Liebe ist die einzige Revolution, die Ordnung hervorbringen wird. Es hat keinen Sinn, immer mehr Wissen über Mathematik, über Medizin, über Geschichte, über Volkswirtschaft zu erwerben und dann alle Einzelteile zusammenzusetzen — dadurch wird nichts gelöst werden.

Ohne Liebe führt Revolution nur zur Anbetung des Staates oder zur Anbetung eines Bildes oder zu unzähligen korrupten Methoden der Tyrannei und zur Zerstörung des Menschen. Ähnlich ist es, wenn sich der Mensch, weil er sich fürchtet, den Tod vom Leibe hält und ihn vom täglichen Leben abtrennt; dann erzeugt diese Abspaltung nur noch mehr Furcht und Angst und vermehrt die Theorien über den Tod. Um den Tod zu verstehen, müssen Sie das Leben verstehen. Aber das Leben ist *nicht* die Fortdauer des Denkens — und nur dieser Wunsch nach Fortdauer hat all unser Elend hervorgebracht.

Kann nun der Geist den Tod aus seiner Distanzierung lösen und in das Unmittelbare einbeziehen? — Folgen Sie?

In Wirklichkeit ist der Tod nicht irgendwo in weiter Ferne: Er ist hier und jetzt. Er ist hier, wenn Sie reden, wenn Sie sich freuen, wenn Sie zuhören, wenn Sie in Ihr Büro gehen. Er ist hier, zu jeder Minute des Lebens, ebenso wie es die Liebe ist. Wenn Sie diese Tatsache einst wahrnehmen, dann werden Sie entdecken, daß es überhaupt keine Furcht vor dem Tode gibt. Man fürchtet sich ja nicht vor dem Unbekannten, sondern vor dem Verlust des Bekannten. Sie fürchten sich davor, Ihre Familie zu verlieren, allein gelassen, ohne Gefährten zu sein. Sie fürchten sich vor dem

Schmerz der Einsamkeit, vor dem Verlust der Erfahrungen, des Besitzes, den Sie angesammelt haben. Es ist das Dahinschwinden des Bekannten, wovor wir uns fürchten. Das Bekannte ist die Erinnerung, und dieser Erinnerung ist das Denken verhaftet. Aber Erinnerung ist nur ein mechanischer Prozeß, wie ihn uns der Computer ausgezeichnet demonstriert.

Um die Schönheit und das ungewöhnliche Wesen des Todes zu verstehen, müssen wir von dem Bekannten frei sein. Wenn wir vor dem Bekannten sterben, beginnt das Verständnis des Todes, weil der Geist aus diesem Prozeß frisch und neu und ohne Furcht hervorgeht. Dann kann man in jenen Bereich eintreten, der Tod genannt wird; dann sind vom Anfang bis zum Ende Leben und Tod eines. Der weise Mensch versteht Zeit, Denken und Leid, und nur er kann den Tod verstehen. Der Geist, der in jeder Minute stirbt, der nie anhäuft, nie Erfahrung sammelt, ist unschuldig und daher in einem immerwährenden Zustand der Liebe.

Sind Sie daran interessiert, zu diesem Thema Fragen zu stellen, so daß wir mehr auf Einzelheiten eingehen können?

Worin unterscheidet sich Ihre Auffassung über die Liebe von dem christlichen Liebesgedanken?

Ich fürchte, daß ich Ihnen das nicht sagen kann. Ich *denke* nicht über die Liebe. Sie können nicht über Liebe denken; wenn Sie das tun, ist es nicht Liebe.

Wie Sie wissen, besteht ein großer Unterschied zwischen Sexualität und den Gedanken an das Sexuelle, die das Gefühl erregen. Der Mensch, der im Geist mit dem sexuellen Genuß beschäftigt ist, der an Sexus denkt, der sich durch Vorstellungen, Bilder und Gedanken aufpeitscht — dessen Geisteshaltung ist zerstörerisch. Aber das Gefühl, das von keinen Gedanken umkreist wird, ist etwas völlig anderes. Ebenso können Sie über Liebe nicht denken. Sie können über die Liebe nach den Schablonen Ihrer Erinnerung oder in Begriffen denken, die man Ihnen darüber beigebracht hat: das ist gut, das ist profan, das ist heilig und so fort. Aber dieses Denken ist nicht Liebe. Liebe ist weder christlich noch hinduistisch, weder oriental noch okzidental, weder die Ihre noch die meine. Nur wenn Sie sich von all diesen Ideen, ihrer Nationalität, Ihrer Rasse, Ihrer Religion und ähnlichen Dingen befreien — nur dann werden Sie wissen, was es heißt zu lieben.

Sehen Sie, ich habe an diesem Morgen über den Tod gesprochen, damit Sie diesen ganzen Komplex wahrhaft verstehen — nicht nur während Sie hier in diesem Zelt sind, sondern auch für den Rest Ihres Lebens — und dadurch frei sind vom Leid, frei von der Furcht und nunmehr tatsächlich wissen, was es bedeutet, zu sterben. Wenn Ihr Geist jetzt in den kommenden Tagen nicht vollkommen bewußt, unschuldig, zutiefst achtsam ist, dann ist das Hören von Worten absolut nutzlos. Aber wenn Sie der Dinge gewahr und zutiefst achtsam sind, wenn Sie Ihres eigenen Denkens und Fühlens bewußt sind, wenn Sie nicht interpretieren, was der Sprecher sagt, sondern tatsächlich sich selbst betrachten, während er das Problem beschreibt und darin eindringt, dann werden Sie, wenn Sie dieses Zelt verlassen, *leben* — leben, nicht nur mit einem Gefühl der Freude, sondern mit dem Tod und mit der Liebe.

Der Abgrund
des Schweigens

Ich würde am diesem Morgen gerne über etwas sprechen, das den meisten Menschen ziemlich fremd sein mag. Eines der bedeutsamsten Dinge im Leben ist für mich, den Geist zu läutern, den Geist von allen Erfahrungen und Gedanken zu entleeren, so daß er neu, frisch und unschuldig ist. Denn nur der unschuldige Geist in seiner Freiheit kann das Wahre entdecken. Diese Unschuld ist kein permanenter Zustand. Es ist nicht so, daß der Mensch einen Erfolg errungen hat und darin verharrt.

Wenn der Geist völlig frei ist, befähigt ihn dieser Zustand, sich von Augenblick zu Augenblick zu erneuern. Und diese Unschuld, diese Freiheit zu entdecken ist von unermeßlicher Bedeutung, weil die meisten von uns so sehr oberflächlich leben. Wir machen Wissen und Erfahrung zur Basis unseres Lebens und glauben, daß das genügt. Aber ohne Meditation ist unser Leben äußerst flach. Unter Meditation verstehe ich nicht Kontemplation oder Gebet. Um in einem Zustand der Meditation zu sein oder vielmehr natürlich, mühelos und ohne Anstrengung dahinzugelangen, muß man damit beginnen, den oberflächlichen, alltäglichen Geist zu verstehen, der sich allzu leicht mit Informationen zufrieden gibt. Wenn wir Wissen angehäuft oder irgendeine technische Fähigkeit erworben haben, die es uns ermöglicht, uns in einer bestimmten Richtung zu spezialisieren und in dieser Welt recht oberflächlich dahinzuleben, sind die meisten Menschen damit zufrieden, auf dieser Ebene zu leben, ohne Verständnis für die möglichen psycholgischen Probleme, die sich einstellen können. Darum scheint es mir sehr wichtig, wahrzunehmen, wie oberflächlich der Geist gegenwärtig ist, und danach zu forschen, ob es für ihn möglich ist, über sich hinauszugelangen.

Je mehr Wissen und Ausbildung der Mensch erlangt hat, um so größer ist seine Leistungsfähigkeit im täglichen Leben, und offensichtlich müssen wir dieses Wissen, diese Schulung, diese Fähigkeit haben, weil wir die Maschinerie und die Wissenschaft nicht beiseite tun und zu den Lebensgewohnheiten der alten Zeiten zurückkehren können. Das würde der Art der sogenannten religiösen Menschen entsprechen, die versuchen, zu einer Tradition zurückzukehren, oder alte philosophische Vorstellungen und Formeln wiederzubeleben, wodurch sie sich und die Welt, in der sie leben, zerstören. Wissenschaft, Mathematik und Technik, wie sie jetzt dem Menschen zur Verfügung stehen — all diese Dinge sind absolut notwendig. Aber das Leben in dieser technisierten Welt, mit diesem sich rapide ausdehnenden Wissen und den Kenntnissen führt dazu, daß der Geist sehr oberflächlich wird. Und den meisten von uns genügt es, in dieser Oberflächlichkeit zu verharren, weil uns Wissen und Technik mehr Geld, mehr Komfort, mehr sogenannte Freiheit geben — alles Dinge, die durch die korrumpierte, zerfallende Gesellschaft hoch bewertet werden.

So muß der Mensch, der über sich hinausgelangen möchte, die Begrenzungen der Technologie, des Wissens und der Erfahrungen verstehen und von ihnen frei sein.

Wie man beobachten kann, sind alle unsere Tätigkeiten, all unsere Empfindungen, all unsere neurologischen Reaktionen sehr oberflächlich, rein äußerlich. Indem wir so an der Oberfläche dahinleben, wie es die meisten von uns tun, versuchen wir, die Tiefe aufzuspüren, versuchen wir, tiefer und tiefer unter die Oberfläche zu gelangen, weil wir dieser oberflächlichen Lebensweise bald müde werden. Je intelligenter, intellektueller, leidenschaftlicher wir sind, umso genauer nehmen wir unser oberflächliches Dasein wahr, und es wird recht ermüdend, langweilig und verliert jede tiefere Bedeutung.

So versucht der oberflächliche Verstand, den Sinn des Lebens zu ergründen, oder er sucht nach einer Formel, die dem Leben einen Zweck gibt. Der Mensch müht sich ab, nach einer Vorstellung zu leben, die er selbst ersonnen hat, oder nach einem Glauben, den er angenommen hat — und doch bleibt sein Handeln weiterhin oberflächlich. Man muß diese Tatsache sehr klar sehen.

Wir wollen nun am heutigen Morgen diese Oberflächlichkeit Schicht für Schicht abtragen, so daß wir zum Ursprung vordringen können, zum Ursprung aller Dinge. — Oberflächlichkeit setzt sich durch Erfahrung fort, und darum ist es sehr wichtig, die volle Bedeutung der Erfahrung zu verstehen.

Zunächst erkennt man, wie die technische Spezialisierung jeder Art dazu beiträgt, den Geist einzuengen, ihn engstirnig und unbedeutend zu machen — Eigenschaften, die für den Bürger typisch sind. Dieser so oberflächliche Geist sucht nun nach dem tieferen Sinn des Lebens, und er projiziert zu diesem Zweck ein Vorbild, das wohltuend, nutzbringend, angenehm ist, und er richtet sich nach dieser Schablone aus. Dieser Prozeß gibt seinem Leben einen gewissen Sinn, einen Antrieb, ein Gefühl der Zweckerfüllung.

Der Abgrund des Schweigens

Wir müssen also zutiefst verstehen, was wir Erfahrung nennen. Unser oberflächliches Leben veranlaßt uns ständig, nach weiteren und tieferen Erfahrungen zu suchen. Aus diesem Grunde gehen die Menschen in die Kirchen, nehmen Meskalin, versuchen es mit LSD-25, lysurgischer Säure und mit verschiedenen anderen Drogen, um einen neuen "Stoß", einen neuen Antrieb, eine erhöhte Sinnesempfindung zu erlangen. Weiterhin sucht der Geist auch Erfahrungen durch die Kunst, durch die Musik, durch neuere, lebhaftere Ausdrucksformen.

Nun, ein Geist, der sich in seiner letzten Tiefe finden möchte — sich *finden*, diesen Zustand nicht hervorbringen möchte —, muß all diese Dinge verstehen. Zu verstehen bedeutet nicht, sich mit der wörtlichen Gedankenübermittlung intellektuell zu begnügen, sondern vielmehr die Wahrheit dieser Dinge unmittelbar zu sehen; und diese unmittelbare Wahrnehmung ist Verständnis. Keine noch so gute Beweisführung, keine Meinungsforschung kann Verständnis hervorbringen. Was uns fehlt, ist Sensitivität, Bewußtheit, die Fähigkeit, sich zurückzuhalten, zu zögern, wodurch der Geist fähig wird, schnell zu erfasen.

Was ist nun das Wesen der Erfahrung? Wir alle wünschen genug Erfahrungen, nicht wahr? Wir sind des Alten müde, müde der Dinge, die uns Schmerz gebracht oder Leid verursacht haben. Die Routine im Büro, die Riten der Kirche, die Riten der Staatsanbetung — man hat alles so satt, man ist dessen müde, man ist verbraucht. Darum wünscht man mehr Erfahrungen nach verschiedenen Richtungen und auf anderen Ebenen. Aber sicherlich kann nur der Mensch, der nicht mehr Erfahrungen sucht oder anhäuft, in einem Zustand großer Tiefe sein.

Erfahrung ist das Ergebnis einer Herausforderung und der Antwort darauf. Die Erwiderung des Menschen auf eine Herausforderung hängt von seinem Hintergrund, seiner Bedingtheit ab und mag adäquat oder inadäquat sein. Das heißt, daß wir auf jede Herausforderung nach unserem Hintergrund, nach unserer besonderen Bedingtheit antworten. Diese Antwort ist Erfahrung, und jede Erfahrung hinterläßt einen Rückstand, den wir Wissen nennen.

Um es anders auszudrücken: Indem wir durch die verschiedenen Erfahrungen gehen, arbeitet das Bewußtsein wie ein Sieb, in dem jede Erfahrung einen gewissen Bodensatz hinterläßt. Dieser Niederschlag ist Gedächtnis, und mit diesem Gedächtnis begegnen wir der nächsten Erfahrung. So vermehrt jede Erfahrung — wie weit und tief, wie vital sie auch sein mag — die Schichten des Bodensatzes oder Gedächtnisses und verstärkt dadurch die Bedingtheit des Geistes.

Bitte, das, was ich sage, stellt keine Meinung dar; es geht auch nicht darum, daß Sie es glauben. Wenn Sie sich selbst beobachten, werden Sie sehen, daß es sich tatsächlich so ereignet. Der Sprecher beschreibt, wie der Geist Erfahrungen ansammelt, und Sie beobachten dabei diesen Prozeß in sich selbst. Darin liegt nichts, was zu glauben wäre, und Sie werden nicht durch Worte hypnotisiert.

Jedwede Erfahrung hinterläßt also einen Bodensatz, der im Gedächtnis zur Vergangenheit wird, und aus diesem Bodensatz leben wir. Dieser Bodensatz ist das "Ich", er ist der eigentliche Nährboden der egozentrischen Tätigkeit. In der Erkenntnis der begrenzten Natur dieser egozentrischen Aktivität suchen wir weitere und umfassendere Erfahrungen, oder wir möchten wissen, wie wir diese Begrenzungen durchbrechen können, um etwas Größeres zu finden. Aber alles derartige Suchen ist weiterhin ein Anhäufen, und es vermehrt nur die Rückstände, den Bodensatz der Erfahrungen, mögen sie eine Minute, einen Tag oder zwei Millionen Jahre zurückliegen.

Sie müssen diese Tatsache sehr klar sehen. Sie müssen Ihrer so bewußt sein, wie Sie der Tatsache bewußt sind, daß Sie Hunger haben. Wenn Sie hungrig sind, braucht Ihnen niemand etwas darüber zu sagen — es ist Ihre unmittelbare Erfahrung. In derselben Art müssen Sie selbst sehr klar sehen, daß jede Erfahrung — sei es die Erfahrung der Zuneigung, der Sympathie, des Stolzes, der Eifersucht, der Inspiration, der Furcht oder was es sonst sein mag — im Bewußtsein einen Bodensatz hinterläßt, und daß die ständige Wiederholung und Überlagerung dieses Bodensatzes oder Niederschlages den ganzen Prozeß unseres Denkens, unseres Seins ausmacht. Jede Tätigkeit, die aus diesem Untergrund aufsteigt, ganz gleich auf welcher Ebene, muß unvermeidlich oberflächlich sein, und ein Geist, der erforschen möchte, ob es möglich ist, einen Zustand der Ursprünglichkeit zu entdecken oder eine Welt, die von der Vergangenheit unbefleckt ist, muß diesen Prozeß der Erfahrung verstehen.

So erhebt sich denn die Frage: Ist es möglich, sich von der gesamten egozentrischen Aktivität ohne Anstrengung zu befreien, ohne den Versuch, sie aufzulösen und sie dadurch zu einem Problem zu machen?

Ich hoffe, die Frage verständlich gemacht zu haben, sonst wird das, was ich jetzt sagen werde, völlig unklar sein.

Das Wort "Meditation" bedeutet im allgemeinen, über etwas nachzudenken, etwas zu erforschen oder über etwas nachzugrübeln; oder es mag einen kontemplativen Zustand des Geistes ohne den Denkprozeß bedeuten. Es ist ein Wort, das in diesem Teil der Welt nur sehr geringe Bedeutung hat, das aber im Osten von außerordentlicher Wichtigkeit ist. Sehr viel ist über dieses Thema geschrieben worden, und es gibt viele Schulen, die jeweils für verschiedene Methoden oder Systeme der Meditation eintreten.

Für mich hat Meditation nichts mit diesen Dingen zu tun. Meditation ist die vollkommene Entleerung des Geistes — und man kann den Geist nicht gewaltsam nach einer Methode, einer Schule oder einem System leer machen. Auch hier muß man wiederum den völligen Irrtum aller Systeme durchschauen. Die Übung eines Meditationssystems ist das Streben nach Erfahrung, es ist der Versuch, eine höhere Erfahrung oder die "höchste" Erfahrung zu erlangen; wenn man aber das Wesen der Erfahrung versteht, fegt man all diese Dinge beiseite; sie sind für immer erledigt, weil unser Geist niemandem mehr folgen kann. Er trachtet nicht nach Erfahrung, er hat kein Verlangen nach Visionen. Alles Streben nach Visionen, jede künstliche Steigerung des Empfindungsvermögens durch Drogen, durch Disziplin, durch Riten, durch Anbetung, durch Gebete — ist egozentrischer Natur.

Unsere Frage ist nun: Wie kann sich ein Geist, der durch die Tradition, durch die Zeit, durch das Gedächtnis, durch die Erfahrung oberflächlich gemacht wurde, ohne Anstrengung von seiner Oberflächlichkeit befreien? Wie kann er so vollkommen wach sein, daß das Suchen nach Erfahrung keinerlei Bedeutung mehr für ihn hat? Verstehen Sie das?

Das, was voller Licht ist, verlangt nicht nach mehr Licht — es ist das Licht selbst; und jeder Einfluß, jede Erfahrung, die in dieses Licht eindringt, wird von Augenblick zu Augenblick hinweggebrannt, so daß der Geist immer klar, makellos, unschuldig ist. Nur ein klarer, ein unschuldiger Geist kann sehen, was jenseits der zeitlichen Beschränkung liegt. Und wie kann dieser Zustand des Geistes entstehen?

Habe ich die Frage verständlich gemacht? Es ist nicht meine Frage — es ist oder sollte die Frage eines jeden Menschen sein, so daß ich sie Ihnen nicht aufbürde. Wenn ich Ihnen diese Frage aufdrängte, dann würden Sie daraus ein Problem machen; Sie würden sagen: ,,Wie soll ich es tun?''. Diese Frage muß aus Ihrer eigenen Erkenntnis geboren werden, weil Sie gelebt haben, weil Sie achtgegeben haben, weil Sie gesehen haben, was die Welt bedeutet; und Sie haben sich in Ihren Handlungen beobachtet. Sie haben gelesen, Sie haben Kenntnisse gesammelt, Sie haben im Wissen Fortschritte gemacht. Sie haben sehr kluge Leute mit elektronengleichen Gehirnen gesehen, Professoren, die ein unendliches Ausmaß von Wissen abspulen können, und Sie sind Theologen mit starren Ideen begegnet, um die sie phantastische Theorien gebaut haben. Da Sie all dieser Dinge gewahr geworden sind, müssen Sie sich unvermeidlich die Frage gestellt haben: Wie kann der Geist, der ein Sklave der Zeit ist, ein Produkt der Vergangenheit — wie kann dieser Geist die Vergangenheit vollkommen, leicht und ohne Anstrengung beiseite tun? Wie soll er sich von der Zeit ohne irgendeine Direktive oder ein Motiv befreien, so daß er dann am ursprünglichen Quell des Lebens weilt?

Nun, was antworten Sie, wenn diese Frage an Sie gerichtet wird, sei es von Ihnen selbst oder von einem anderen? Antworten Sie mir bitte nicht, sondern hören Sie nur einfach zu.

Es ist eine ungeheure Frage. Es ist nicht nur eine theoretische Frage, die Sie schnell beantworten oder beiseite tun können. Es ist eine Frage von gewaltiger Bedeutung für einen Menschen, der den Stumpfsinn organisierter Religion durchschaut hat und der all die Priester, die Gurus, die Tempel, die Kirchen, die Riten, den Weihrauch beiseite gefegt hat — der das alles verworfen hat. Und wenn Sie an diesem Punkt angelangt sind, dann müssen Sie sich gefragt haben: Wie kann der Geist über sich hinausgelangen?

Was tun Sie, wenn Sie einem ungeheuren Problem unmittelbar gegenüberstehen, wenn Ihnen etwas Gewaltiges geschieht, das Sie zutiefst berührt? Die Erfahrung ist so vital, so fordernd, daß Sie dadurch vollkommen absorbiert werden, nicht wahr? Ihr Geist wird durch dieses gewaltige Ereignis überwältigt, so daß er ruhig wird. Das ist eine Form des Schweigens. Ihr Geist antwortet wie ein Kind, dem man ein sehr interessantes Spielzeug gegeben hat. Das Spielzeug nimmt das Kind ganz in Anspruch und veranlaßt es, sich zu konzentrieren, so daß es für den Augenblick aufhört, Unfug zu treiben, herumzulaufen und so fort. Dasselbe geschieht auch bei Erwachsenen, wenn sie mit irgendeinem großen Problem konfrontiert werden. Wenn der Mensch die volle Bedeutung des Ereignisses nicht erfaßt, überläßt er sich diesem Geschehnis und wird betäubt, schockiert, gelähmt, so daß er vorübergehend in Schweigen fällt. So etwas haben die meisten von uns schon erfahren.

Dann gibt es ein Schweigen des Geistes, das eintritt, wenn man ein Problem mit vollkommener Konzentration betrachtet. In diesem Zustand gibt es keine Ablenkung, weil der Geist für den Augenblick keinen anderen Gedanken, kein anderes Interesse hat. Er schaut nirgendwo hin, weil er nur mit dieser einen Sache beschäftigt ist. Die Konzentration ist so intensiv, daß alles andere ausgeschlossen wird, und in dieser Anstrengung liegt eine Vitalität, eine Inanspruchnah-

Der Abgrund des Schweigens

me, ein Drängen, wodurch auch eine bestimmte Art des Schweigens erzeugt wird.

Wenn der Geist durch ein Spielzeug absorbiert wird oder sich an ein Problem verliert, ist das nur ein Ausweichen. Wenn Bilder, Symbole, Worte wie "Gott" und "Erlöser" vom Geist Besitz ergreifen, so ist auch das ein heimliches Entrinnen, eine Flucht vor dem Aktuellen, und in dieser Flucht liegt gleichfalls eine bestimmte Art des Schweigens. Wenn sich der Mensch opfert oder sich durch vollkommene Identifizierung mit einer Sache vergißt, mag er vollkommen ruhig sein — aber er befindet sich dann in einem neurotischen Zustand. Das Verlangen nach Identifizierung mit einem Ziel, mit einer Idee, mit einem Symbol, mit einem Land, mit einer Rasse — alles das ist neurotisch, wie es alle angeblich religiösen Leute sind. Sie haben sich mit dem Erlöser, mit dem Meister, mit diesem oder jenem identifiziert, und das gibt ihnen eine gewaltige Entlastung und bringt in ihnen eine gewisse beglückende Lebensanschauung hervor — auch das ist eine völlig neurotische Haltung.

Dann gibt es den Menschen, der gelernt hat, sich zu konzentrieren, der sich dazu erzogen hat, nie von der Idee, dem Bild, dem Symbol, das er vor sich aufgerichtet hat, wegzublicken. Was ereignet sich nun in diesem Zustand der Konzentration?

Jede Konzentration ist Anstrengung, und jede Anstrengung ist Widerstand. Es ist so, als ob Sie einen Schutzwall um sich herum bauen, mit einem kleinen Loch darin, das Ihnen nur den Blick auf eine Idee oder einen Gedanken erlaubt, so daß Sie nie erschüttert, nie unsicher gemacht werden können. Sie sind nie aufgetan, sondern leben immer in Ihrem Schneckenhaus der Konzentration, hinter den Mauern Ihrer besessenen Jagd nach irgend etwas. Und von dort her erlangen Sie ein gewaltiges Gefühl der Vitalität, einen Antrieb, der Sie zu außerordentlichen Dingen befähigt — den Menschen in den Slums zu helfen, in der Wüste zu leben, alle möglichen guten Werke zu tun; aber es ist weiterhin das egozentrische Tun eines Menschen, der sich auf eine Sache konzentriert und alles andere ausschließt. Und auch das verleiht dem Menschen einen gewissen Frieden, ein gewisses Schweigen.

Nun gibt es ein Schweigen, das mit all diesen neurotischen Zuständen in keiner Weise etwas zu tun hat; und hier liegt die Schwierigkeit für uns, weil die meisten Menschen — und ich sage das mit aller Höflichkeit — unglücklicherweise neurotisch sind.

Um nun dieses Schweigen zu verstehen, muß man zunächst von aller Neurotik frei sein. In dem Schweigen, von dem ich spreche, existiert keine Selbstbemitleidung, kein Verlangen nach einem Resultat, keine Projektion eines Bildes; da gibt es keine Visionen und keinen Kampf um die Konzentration. Dieses Schweigen kommt ungebeten, wenn Sie verstanden haben, wie der Geist völlig durch eine Idee und die verschiedenen Übungen der Konzentration absorbiert wird, und wenn Sie gleichfalls den gesamten Denkprozeß durchschaut haben. Aus der Beobachtung, der Betrachtung der egozentrischen Tätigkeit des Geistes entsteht ein ungewöhnlich elastisches Gefühl der Disziplin — und diese Disziplin müssen Sie besitzen.

Es ist keine abwehrende rückschrittliche Disziplin; sie hat nichts damit zu tun, daß man mit gekreuzten Beinen in einer Ecke sitzt und ähnlich kindisches Zeug treibt; es gibt darin keine Nachahmung, keine Anpassung, keine Anstrengung, um ein Resultat zu erreichen. Alle Regungen des Denkens und Wünschens zu beobachten, den Hunger nach neuen Erfahrungen, den Prozeß der Identifizierung mit einer Sache — dieses alles bloß zu beobachten und zu verstehen, bringt auf natürlichem Wege eine Ungezwungenheit der Disziplin in Freiheit hervor. Mit diesem disziplinierten Verstehen tritt die besondere Natur unmittelbarer Bewußtheit, direkter Wahrnehmung in Erscheinung — ein Zustand vollkommener Aufmerksamkeit.

In dieser Achtsamkeit ist Tugend — und das ist die einzige Tugend. Die soziale Moral und der Charakter, den wir im Widerstand gegen die Anpassung an Konventionen und an die Gesellschaftsmoral entwickeln — das ist überhaupt keine Tugend. Tugend ist das Verstehen dieser gesamten sozialen Struktur, die der Mensch um sich aufgebaut hat und ist auch das Verständnis für die sogenannte Aufopferung durch Identifizierung und Unterwerfung. Achtsamkeit wird aus diesem Verstehen geboren, und nur in der Achtsamkeit ist Tugend.

Sie müssen einen tugendhaften Geist haben. Aber ein Geist, der sich nur nach den sozialen und religiösen Normen einer bestimmten Gesellschaft ausrichtet, sei sie kommunistisch oder kapitalistisch, ist nicht tugendhaft. Tugend ist notwendig, weil es ohne Tugend keine Freiheit gibt; aber gleich der Demut kann Tugend nicht kultiviert werden. Sie können Tugend nicht züchten, ebensowenig wie Sie Liebe kultivieren können. Aber wenn Sie in vollkommener Achtsamkeit leben, dann sind auch Tugend und Liebe gegenwärtig.

Aus vollkommener Achtsamkeit kommt völliges Schweigen — nicht nur auf der Ebene des bewußten Geistes, sondern auch auf der Ebene des Unbewußten. Sowohl das Bewußte wie das Unbewußte, beide sind durchaus trivial, und die Wahrnehmung ihrer Trivialität befreit den Geist sowohl von der Vergangenheit wie von den Einwirkungen der Gegenwart. Indem man der Gegenwart seine ganze Aufmerksamkeit zuwendet, entsteht ein Raum des Schweigens, in dem der Geist keine weiteren Erfahrungen macht. Alles Erfahren hat ein Ende genommen, weil es nichts mehr zu erfahren gibt. In dieser vollkommenen Wachheit ist der Geist ein Licht in sich selbst. In diesem Schweigen herrscht Frieden. Es ist nicht der Friede der Politiker, noch ist es der Friede zwischen zwei Kriegen. Es ist ein Friede, der nicht aus der Reaktion geboren wurde. Und wenn der Geist in dieser Art vollkommen still ist, dann kann er seinen Weg gehen. Die Bewegung der Stille ist von der Bewegung der egozentrischen Aktivität gänzlich verschieden. Was sich in dieser Stille regt, ist Schöpfung. Wenn der Geist fähig ist, sich mit dieser Stille zu bewegen, kennt er den Tod und die Liebe; und er kann dann in dieser Welt leben ohne von dieser Welt zu sein.

Wünschen Sie Fragen zu stellen?

Ich sehne mich nach Schweigen, aber ich finde, daß meine Versuche, es zu erreichen, immer jämmerlicher werden, je mehr Zeit dahingeht.

Beachten Sie zunächst, daß Sie sich nicht nach diesem Schweigen sehnen können; Sie wissen ja nichts darüber. Selbst wenn Sie etwas wüßten, wäre es etwas anderes, weil das, was Sie wissen, nicht dem entspricht, was ist. Darum muß man sehr sorgfältig vermeiden zu sagen: ,,Ich weiß''.

Der Abgrund des Schweigens

Mein Herr, schauen Sie! Was Sie wissen, kommt aus dem Wiedererkennen. Ich erkenne Sie wieder, weil ich Ihnen gestern begegnete. Weil ich gehört habe, was Sie da sagten und weil ich Ihre Umgangsformen beobachtet habe, behaupte ich, daß ich Sie kenne. Was ich bereits weiß, gehört der Vergangenheit an, und von daher kann ich Sie wiedererkennen.

Aber dieses Schweigen kann nicht wiedererkannt werden; in ihm gibt es überhaupt keinen Prozeß des Wiedererkennens. Das ist das erste, das man verstehen muß. Um etwas wiederzuerkennen müssen Sie es bereits erfahren haben, müssen Sie es bereits gekannt haben, oder Sie müssen darüber gelesen haben, oder jemand muß es Ihnen beschrieben haben. Aber was wiedererkannt, erfahren oder beschrieben wird, hat mit diesem Schweigen nichts zu tun. Und wir sehnen uns nach diesem Schweigen, weil unser Leben so flach, so leer, so dumpf, so stumpfsinnig ist, daß wir diesen ganzen häßlichen Dingen entrinnen möchten. Aber wir können nicht entkommen; wir müssen es verstehen. Und um etwas zu verstehen, dürfen Sie es nicht fortstoßen, dürfen Sie nicht davonlaufen. Sie müssen gewaltige Liebe, wirkliche Zuneigung für das haben, was Sie verstehen wollen. Wenn Sie ein Kind verstehen wollen, dürfen Sie es nicht unterjochen oder zwingen oder es mit seinem älteren Bruder vergleichen. Sie müssen auf das Kind schauen, es mit großer Sorgfalt, mit Zartheit, mit Zuneigung beobachten, Sie müssen ganz mit ihm sein. In gleicher Weise müssen wir dieses unbedeutende Etwas verstehen, das wir unser Leben nennen, mit all seiner Eifersucht, seinen Konflikten, seinem Elend, seinen Plackereien, seinem Leid. Aus diesem Verständnis erwächst ein Gefühl des Friedens, nach dem Sie nicht greifen können.

Sie kennen vielleicht diese köstliche Geschichte von einem Schüler, der zu dem Meister geht. Der Meister sitzt in einem schönen, ruhigen, gut bewässerten Garten und der Schüler kommt und setzt sich in seine Nähe — nicht direkt vor ihn, weil es nicht sehr respektvoll ist, sich unmittelbar vor den Meister zu setzen. So zur Seite sitzend kreuzt er seine Beine und schließt seine Augen. Dann fragt der Meister: ,,Mein Freund, was tust Du da?" Seine Augen öffnend, antwortet der Schüler: ,,Meister, ich versuche, das Bewußtsein des Buddha zu erlangen" — und schließt wieder seine Augen. Bald darauf hebt der Meister zwei Steine auf und beginnt, sie aneinander zu reiben, wobei er sehr viel Geräusch macht. Dadurch kommt der Schüler von seiner großen Höhe herab und sagt: ,,Meister, was tun Sie da?" Der Meister antwortet: ,,Ich reibe diese zwei Steine aneinander, um aus einem von ihnen einen Spiegel zu machen." Und der Schüler antwortet: ,,Aber Meister, das werden Sie gewiß niemals erreichen, selbst wenn Sie sie eine Million Jahre aneinander reiben." Darauf lächelt der Meister und antwortet: ,,Ebenso kannst Du, mein Freund, Millionen von Jahren hier in dieser Art sitzen, und du wirst niemals zu dem gelangen, was Du zu erreichen versuchst."

Und das ist es was wir alle tun. Wir zwingen uns alle in eine bestimmte Haltung; wir wünschen alle etwas, greifen nach etwas — was uns Anstrengung, Kampf, Disziplin abverlangt. Aber ich fürchte, daß keines dieser Dinge die Tür öffnen wird. Ohne Anstrengung zu verstehen, einfach hinzuschauen, mit Zuneigung, mit Liebe zu beobachten — das würde die Tür öffnen. Aber es kann keine Liebe in Ihnen sein, solange Sie nicht demütig sind; und Demut ist nur möglich, wenn Sie *nichts* mehr wünschen, weder von den Göttern noch von einem menschlichen Wesen.

Wahre Religiösität

An diesem Morgen würde ich gerne über die Bedeutung der Religion sprechen — nicht nur, um sie mit Worten zu erklären, sondern um zugleich ein tiefes Verständnis zu vermitteln. Bevor wir aber in diese Frage tief eindringen können, werden wir völlige Klarheit darüber gewinnen müssen, was religiöser Geist überhaupt ist und welcher innere Zustand erforderlich ist, um das gesamte Problem des Religiösen wirklich erforschen zu können.

Es scheint mir sehr wichtig zu sein, den Unterschied zwischen Isolierung und Alleinsein zu verstehen. Unser tägliches Tun dreht sich vornehmlich um uns selbst; es basiert auf unseren besonderen Ansichten, auf unseren besonderen Erfahrungen und Idiosynkrasien. Wir denken in Begriffen, die sich auf unsere Familie, auf unseren Beruf, auf unsere Zielsetzungen und auf unsere Ängste, Hoffnungen und Verzweiflungen beziehen. Das alles ist offensichtlich egozentrisch und erzeugt einen Zustand der Selbstisolierung, wie wir es in unserem täglichen Leben sehen können. Wir haben unsere heimlichen Wünsche, unser verborgenes Streben und unseren versteckten Ehrgeiz; und niemals haben wir wirklich tiefe Beziehungen zu einem Menschen, weder zu unseren Frauen oder Ehemännern noch zu unseren Kindern. Wir laufen vor unserer täglichen Langeweile, den Enttäuschungen und Trivialitäten unseres Alltags davon, und das Ergebnis ist gleichfalls Selbstisolierung. Eine weitere Ursache liegt auch darin, daß wir auf die verschiedensten Arten dem beklemmenden Gefühl der Einsamkeit zu entrinnen trachten, das uns überfällt, wenn wir plötzlich empfinden, daß wir zu nichts eine Beziehung haben, wenn jegliches Ding uns entrückt ist und keine Kommunion und keine Beziehung zu irgend jemanden vorhanden ist. Ich glaube, daß die meisten von uns — wenn wir überhaupt unseres Daseinsprozesses gewahr sind — diese Einsamkeit zutiefst empfunden haben.

Diese Vereinsamung, dieses Gefühl der Isolierung ist der Anlaß, daß wir uns mit etwas Größerem als wir es sind, zu identifizieren versuchen — es mag der Staat oder ein Ideal sein oder eine Vorstellung von Gott. Diese Identifizierung mit etwas Großem oder Unsterblichem, mit etwas, das außerhalb unseres eigenen Denkbereiches liegt, wird im allgemeinen Religion genannt, und sie führt zu Glaubenssätzen, Dogmen, Riten, dem trennenden Streben und Trachten einzelner Gruppen, die miteinander streiten, obgleich sie alle an dieselbe Sache glauben, nur mit unterschiedlichen Aspekten. Und so bringt das, was wir Religion nennen, nur weitere Isolierung mit sich.

Dann sieht man, wie die Erde in Nationen aufgespalten ist, die einander im Wettkampf gegenüberstehen, jede mit einer souveränen Regierung und mit wirtschaftlichen Schlagbäumen. Obgleich wir alle menschliche Wesen sind, haben wir durch Nationalismus, durch Rassen-, Kasten- und Klassenbewußtsein zwischen uns und unseren Nachbarn Mauern aufgebaut — auch das erzeugt wiederum Isolierung und Vereinsamung.

Ein Mensch nun, der wie ein Gefangener in Einsamkeit, in diesem Zustand der Isolierung lebt, kann unmöglich verstehen, was Religion ist. Er kann glauben, er kann bestimmte Theorien, Vorstellungen, Formeln haben, er kann versuchen, sich mit dem, was Gott genannt wird, zu identifizieren; aber Religion, so scheint es mir, hat überhaupt nichts mit irgendeinem Glauben, einem Priester, einer Kirche oder mit einem sogenannten heiligen Buch zu tun.

Der Zustand des religiösen Geistes kann nur verstanden werden, wenn wir anfangen zu begreifen, was Schönheit ist. Und diesem Verständnis kann man nur durch vollkommenes Alleinsein nahekommen. Nur wenn der Geist vollkommen allein ist, kann er wissen, was Schönheit ist — in keinem anderen Zustand ist das möglich.

Alleinsein ist offensichtlich weder Isolierung noch ist es Einzigartigkeit. Einmalig zu sein bedeutet, in irgendeiner Weise eine Ausnahme zu sein, während vollkommenes Alleinsein eine ungewöhnliche Sensitivität, Intelligenz und viel Verständnis verlangt. Vollkommen allein zu sein bedeutet, daß der Mensch von jeder Art der Beeinflussung frei ist und daher durch die Gesellschaft unbefleckt ist; und er muß allein sein, um die Bedeutung der Religion zu verstehen, das heißt, um für sich herauszufinden, ob es etwas Unsterbliches gibt — jenseits der Zeit.

In seinem augenblicklichen Zustand ist der Mensch das Resultat von vieltausendjährigen Einflüssen: biologisch, soziologisch, milieubedingt, klimatisch, ernährungsmäßig und so fort. Auch das ist wohl ziemlich selbstverständlich. Sie werden durch die Nahrung, die Sie essen, durch die Zeitungen, die Sie lesen, durch Ihre Frau oder durch Ihren Ehemann, durch Ihre Nachbarn, durch Politiker, durch das Radio, das Fernsehen und tausend andere Dinge beeinflußt. Sie werden ständig durch das bestimmt, was nicht nur in Ihren bewußten, sondern auch in den unbewußten Geist aus mannigfachen Richtungen einströmt.

Ist es nun möglich, dieser vielen Einflüsse so gewahr zu sein, daß man durch sie nicht eingefangen wird und von ihnen völlig unberührt bleibt? Sonst wird der Geist nur zu einem Instrument seiner Umwelt. Er mag sich ein Bild von dem schaffen, was er für Gott oder die ewige Wahrheit hält, und daran glauben; aber er wird weiterhin durch die Forderungen, Spannungen, den Aberglauben, den Druck der Umwelt geformt, und sein Glaube hat mit wahrer Religion überhaupt nichts zu tun.

Als Christ wurden Sie im Geiste einer Kirche erzogen, die der Mensch während seiner zweitausendjährigen Periode mit ihren Priestern, Dogmen, Riten aufgebaut hat. Als Kind wurden Sie getauft, und als Sie heranwuchsen, sagte man Ihnen, was Sie zu glauben hätten — Sie haben diesen ganzen Prozeß der Abhängigkeit, der Gehirnwäsche durchgemacht. Der Druck dieser propagandistischen Religion ist offensichtlich sehr stark, hauptsächlich deshalb, weil sie gut organisiert und in der Lage ist, durch Erziehung, durch Bilderkult, durch Furcht psychologischen Einfluß auszuüben und den Geist auf tausend andere Arten abhängig zu machen.

Überall im Osten werden die Menschen gleichfalls durch ihre Glaubenssätze, ihre Dogmen, ihren Aberglauben und durch eine Tradition, die auf 10000 Jahre oder mehr zurückgeht, in große Abhängigkeit gebracht.

Nun, solange der Geist keine Freiheit hat, kann er nicht das Wahre finden — und Freiheit bedeutet, daß man von Beeinflussung frei ist. Sie müssen vom Einfluß Ihrer Nationalität und von der Macht Ihrer Kirche mit ihren Glaubenssätzen und Dogmen frei sein; Sie müssen auch von Gier, Neid, Furcht, Kummer, Ehrgeiz, Wettbewerb, Angst frei sein. Wenn der Geist all diesen Dingen verhaftet ist, werden die vielen Bedrängungen von außen und innen einen widerspruchsvollen, neurotischen Zustand erzeugen, der es dem Menschen unmöglich macht zu entdecken, was wahr ist oder ob es etwas jenseits der Zeit gibt.

So erkennt man also, wie notwendig es für den Geist ist, von jeder Beeinflussung frei zu sein. Ist das nun möglich? Wenn nicht, dann können wir das Ewige, das Unbenennbare, das Höchste nicht entdecken. Um für sich herauszufinden, ob es möglich ist oder nicht, muß man dieser vielen Einflüsse gewahr sein, nicht nur hier in diesem Zelt, sondern auch im täglichen Leben. Man muß beobachten, wie sie den Geist verunreinigen, formen, abhängig machen. Selbstverständlich kann man nicht zu jeder Zeit der mannigfaltigen Einflüsse, die in den Geist einströmen, gewahr sein; aber man kann erkennen — und das ist wohl der springende Punkt in dieser Sache — wie wichtig es ist, von jedem Einfluß frei zu sein. Und wenn man einmal die Notwendigkeit einsieht, dann ist das Unbewußte der Beeinflussung gewahr, auch wenn der bewußte Geist daran gehindert sein mag.

Drücke ich mich klar genug aus?

Ich versuche, folgendes klarzumachen: Es gibt außerordentlich feine Einflüsse, die unseren Geist formen; und ein Geist, der durch Einflüsse, die immer im Bereich der Zeit liegen, geprägt wird, kann unmöglich das Ewige entdecken oder erfahren, ob es so etwas wie das Ewige gibt.

So lautet denn die Frage: Was soll der bewußte Geist tun, wenn es ihm unmöglich ist, der vielen Einflüsse gewahr zu sein?

Wenn Sie sich diese Frage sehr ernsthaft und aufrichtig stellen, so daß sie Ihre vollkommene Aufmerksamkeit in Anspruch nimmt, werden Sie entdecken, daß das Unbewußte in Ihnen, das nicht völlig beschäftigt ist — während die oberen Schichten des Geistes tätig sind —, die Leitung übernimmt und alle Einflüsse, die eindringen, überwacht.

Ich glaube, daß es sehr wichtig ist, das zu verstehen, weil, wenn Sie nur Widerstand leisten oder sich vor Beeinflussung zu schützen suchen, dieser Widerstand, der eine Reaktion darstellt, die geistige Einengung verstärkt. Das Verständnis für den ganzen Prozeß der Beeinflussung muß anstrengungslos sein, es muß den Charakter unmittelbarer Wahrnehmung haben. Es ist so: Wenn Sie wirklich selbst erkennen, wie unendlich bedeutsam es ist, nicht beeinflußt zu werden, dann übernimmt ein bestimmter Teil Ihres Geistes die Leitung in diesem Prozeß, wann immer Sie bewußt mit anderen Dingen beschäftigt sind, und dieser Teil des Geistes ist sehr rege, aktiv, wachsam. Es kommt daher darauf an, unmittelbar zu erkennen, wie enorm wichtig es ist, nicht durch irgendwelche Umstände oder durch irgendeine Person beeinflußt zu werden. Das allein ist das wirklich Entscheidende — nicht wie Sie dem Einfluß widerstehen oder was Sie im Fall einer Beeinflussung tun sollen. Wenn Sie einmal diesen wesentlichen Faktor begriffen haben, dann werden Sie entdecken, daß da ein innerer Bereich ist, der immer auf der Hut und wachsam ist, immer bereit, sich von jedem Einfluß, wie fein er auch sein mag, zu reinigen. Aus diesem Freisein von allen Einflüssen kommt das Alleinsein, das von der Isolierung gänzlich verschieden ist. Und Alleinsein ist notwendig, weil Schönheit außerhalb des Zeitbereichs liegt, und nur der Geist, der vollkommen allein ist, kann wissen, was Schönheit ist.

Für die meisten von uns ist Schönheit eine Sache der Proportion, der Form, der Größe, der Kontur, der Farbe. Wir sehen ein Gebäude, einen Baum, einen Berg, einen Fluß, und wir sagen: Es ist schön. Aber damit bleiben wir Außenstehende, Erfahrende, die auf diese Dinge schauen, und das, was wir Schönheit nennen, bleibt deshalb weiterhin zeitgebunden.

Aber ich fühle, daß die Schönheit jenseits der Zeit liegt und daß, um die Schönheit zu erleben, der Erfahrende aufhören muß zu existieren. Der Erfahrende ist nur eine Anhäufung von Erfahrungen, aus denen heraus er urteilt, wertet, denkt. Wenn der Mensch auf ein Bild schaut oder der Musik lauscht oder das schnell dahinfließende Wasser eines Flusses betrachtet, tut er es im allgemeinen aus dem Hintergrund angehäufter Erfahrung. Er schaut aus der Vergangenheit, aus dem Bereich der Zeit — und für mich bedeutet das, überhaupt nichts von der Schönheit zu wissen. Nur der Mensch, der vollkommen allein ist, hat die Möglichkeit, die Schönheit zu kennen, das heißt, das Ewige zu findenn — und das hat überhaupt nichts mit dem zu tun, was die Priester, was die organisierten Religionen sagen.

Der Geist muß von der Gesellschaft, von der psychologischen Struktur der Gier, des Neides, der Angst, der Furcht völlig unbeeinflußt, unbefleckt sein. Er muß von all diesen Dingen vollkommen frei sein. Aus dieser Freiheit entfaltet sich das Alleinsein, und nur in diesem Zustand des Alleinseins kann der Geist erkennen, was jenseits der Zeit liegt.

Die Schönheit und das Ewige können nicht getrennt werden; Sie mögen malen, Sie mögen schreiben, Sie mögen die Natur beobachten, aber solange dabei das Selbst in irgendeiner Art tätig ist, solange irgendwelche egozentrischen Gedankenregungen bestehen, ist das, was Sie wahrnehmen, keine Schönheit mehr, weil es noch auf der Ebene der Zeit liegt.

Und wenn Sie für die Schönheit kein volles Verständnis haben, können Sie unmöglich das Ewige finden, weil diese beiden zusammengehören. Um das Ewige, das Unsterbliche zu finden, muß Ihr Geist von der Zeit frei sein — Zeit als Tradition, als angehäuftes Wissen und angehäufte Erfahrung der Vergangenheit. Es geht nicht darum, was Sie glauben oder nicht glauben — das ist äußerst unreif und hat absolut nichts mit dieser Sache zu tun. Aber der Mensch, der ernsthaft ist, der wirklich entdecken möchte, wird die egozentrische Aktivität der Isolierung völlig preisgeben und dadurch in einen Zustand vollkommenen Alleinseins gelangen; und nur in diesem Zustand kann er die Schönheit, das Ewige umfassend verstehen.

Sie wissen um das Gefährliche der Worte, weil sie Symbole und als solche *nicht* die Realität sind. Worte vermitteln einen Sinngehalt, eine Vorstellung; aber das Wort ist nicht das Konkrete. Wenn ich daher über das Ewige spreche, müssen Sie klar erkennen, ob Sie nur durch meine Worte beeinflußt oder durch einen Glauben eingefangen werden — was höchst infantil wäre.

Um nun herauszufinden, ob es jenes Ewige gibt, muß man verstehen, was die Zeit bedeutet. Zeit ist ein Umgewöhnliches — und ich spreche nicht über die chronologische, nicht über die Uhrzeit, die selbstverständlich und notwendig ist. Ich spreche über die Zeit als psychologische Fortdauer. Ist es nun möglich, ohne diese Fortdauer zu leben? Es ist zweifellos das Denken, das die Fortdauer erzeugt. Wenn man beständig über etwas nachdenkt, gibt man ihm eine Dauer. Ist es nun möglich, in dieser Welt zu leben, ohne der Handlung Fortdauer zu geben, so daß man jede Handlung mit frischem Geist beginnt? Das heißt: Kann ich mich während des ganzen Tages von jeder Handlung lossagen, so daß der

Geist niemals angehäuft und daher niemals durch das Vergangene verunreinigt wird, sondern immer neu, frisch und unschuldig ist? Ich sage, daß das möglich ist, daß man in dieser Art leben *kann* — aber das bedeutet nicht, daß es für *Sie* real ist. Sie müssen es selbst herausfinden.

So beginnt man zu erkennen, daß der Geist vollkommen allein sein muß, jedoch nicht isoliert. In diesem Zustand vollkommenen Alleinseins erwacht ein Gefühl ungewöhnlicher Schönheit — etwas, das nicht vom Denken geschaffen wurde. Es hat nichts damit zu tun, daß man ein paar Noten zusammensetzt oder ein paar Farben verwendet, um ein Bild zu malen. Weil der Geist allein steht, ist er in der Schönheit, ist er sensibel; und seine umfassende Sensitivität macht ihn intelligent. Seine Intelligenz ist keine Schlauheit und kein Wissen, noch ist sie die Fähigkeit für eine bestimmte Arbeit.

Die Intelligenz liegt darin, daß der Mensch weder beherrscht noch beeinflußt wird und ohne Furcht ist. Aber um in diesem Zustand zu sein, muß der Geist fähig sein, sich jeglichen Tag zu erneuern, das heißt, sich jeden Tag der Vergangenheit, von allem ihm Bekannten loszusagen.

Wie ich schon sagte, ist das Wort, das Symbol, nicht das Reale. Das Wort Baum ist nicht der Baum, und darum muß man sehr wach sein, um sich nicht in Worten zu verfangen. Wenn der Geist vom Wort, vom Symbol frei ist, wird er erstaunlich sensitiv, und dann ist er in einem Zustand des Entdeckens.

Der Mensch hat dieses Eine seit so langer Zeit gesucht — von Anbeginn bis jetzt. Er wünscht etwas zu finden, das nicht künstlich ist. Obgleich organisierte Religionen für jeden intelligenten Menschen ohne Bedeutung sind, so haben diese Religionen doch immer behauptet, daß es etwas Jenseitiges gibt; und der Mensch hat immer dieses Eine gesucht, weil er ständig in Kummer und Elend, in Verwirrung und Verzweiflung lebt.

Da der Mensch immer im Vergänglichen weilt, wünscht er etwas Beständiges zu finden, etwas, das bleibt, das andauert, das einen Fortbestand hat, und so ist sein Suchen immer im Raum der Zeit geblieben. Aber wie man beobachten kann, gibt es nichts Bleibendes. Unsere Beziehungen, unsere Arbeit — alles ist unbeständig. Wegen unserer entsetzlichen Angst vor dieser Unbeständigkeit suchen wir immer weiter nach dem Bleibenden, das wir das Unsterbliche, das Ewige nennen oder dem wir irgendeinen anderen Namen geben. Aber dieses Suchen nach dem Beständigen, dem Unsterblichen, dem Ewigen ist nur eine Reaktion und hat darum keine Gültigkeit. Nur wenn der Mensch von diesem Wunsch nach Sicherheit frei ist, beginnt für ihn die Möglichkeit zu entdecken, ob es das Ewige gibt, etwas jenseits des Raumes, jenseits der Zeit, jenseits des Denkens und des Einen, um das er sich denkend und suchend bemüht.

Um das alles wahrzunehmen und zu verstehen, ist totale Aufmerksamkeit und die Beweglichkeit einer Disziplin erforderlich, die aus dieser Achtsamkeit erwächst. In solch einem Zustand gibt es keine Ablenkung, gibt es keine Anspannung, gibt es keine zielstrebige Bewegung, weil jede Bewegung dieser Art, jegliches Motiv das Resultat von Einflüssen ist, die entweder aus der Vergangenheit oder der Gegenwart kommen. In diesem Zustand anstrengungsloser Aufmerksamkeit entsteht ein ungewöhnliches Gefühl der Freiheit, und nur dann — indem man vollkommen leer, ruhig, still ist — ist der Geist fähig, das zu entdecken, was ewig ist.

Wahre Religiösität

Vielleicht möchten Sie über das, was an diesem Morgen gesprochen wurde, Fragen stellen.

Wie kann man sich von dem Wunsch nach Sicherheit befreien?

Das Wort "wie" schließt eine Methode ein, nicht wahr? Wenn Sie ein Baumeister sind und ich Sie frage, wie ein Haus zu bauen ist, können Sie mir sagen, wie es zu bewerkstelligen ist; denn dafür gibt es eine Methode, ein System, einen Weg. Aber die Befolgung einer Methode oder eines Systems hat den Geist bereits abhängig gemacht. So wollen Sie bitte die Schwierigkeit sehen, die in dem Gebrauch des Wortes "wie" liegt.

Dann müssen wir auch den Wunsch verstehen. Was *ist* Wunsch? Ich ging neulich darauf ein, und ich hoffe, daß diejenigen, die an diesem Tage anwesend waren, die Bedeutung des Besprochenen wirklich begriffen haben und nicht durch das gelangweilt werden, was jetzt darüber gesagt wird. Denn, wie Sie wissen, kann man diesen Reden tatsächlich tausendmal zuhören und jedesmal etwa Neues erkennen.

Was ist Wunsch? Wie ich neulich ausführte, ist da zunächst ein Sehen oder eine Wahrnehmung, dann ein Kontakt oder eine Berührung, dann ein Gefühl, und schließlich taucht das auf, was wir Wunsch nennen. Ohne Zweifel ist das der Ablauf. Folgen Sie dem bitte genau. Wir sehen, so wollen wir annehmen, ein schönes Auto. Aus diesem Vorgang des einfachen Sehens entsteht, auch ohne daß wir mit dem Wagen in Berührung kommen, ein Gefühl, das den Wunsch hervorruft, ihn zu fahren, ihn zu besitzen. Wir geben uns hier nicht damit ab, wie wir uns dem Wunsch widersetzen oder von ihm frei sein können; denn der Mensch, der Widerstand geleistet hat und nun glaubt, von dem Wunsch frei zu sein, ist in Wirklichkeit paralysiert und tot. Wichtig ist allein, den gesamten Komplex des Wünschens zu verstehen — das heißt, daß wir sowohl seine Wichtigkeit wie seine totale Unwichtigkeit verstehen. Man muß ergründen, nicht wie der Wunsch zu beenden ist, sondern was ihm Fortdauer gibt.

Was gibt nun dem Wunsch Fortdauer? Es ist das Denken, nicht war? Zunächst sehen wir das Auto, dann entsteht das Gefühl, dem der Wunsch folgt; und wenn sich das Denken nicht einschaltet und dem Wunsch Fortdauer gibt, indem man sagt: ,,Ich muß diesen Wagen haben; wie kann ich ihn bekommen?'', dann ist der Wunsch abgetan. Folgen Sie? Ich behaupte nicht, daß man vom Wunsch frei sein sollte — in Gegenteil. Aber Sie müssen die gesamte Struktur des Wünschens verstehen, und dann werden Sie sehen, daß der Wunsch nicht länger fortbesteht, sondern daß da etwas gänzlich anderes ist.

So ist also nicht der Wunsch wichtig, sondern die Tatsache, daß wir ihn fortbestehen lassen. Zum Beispiel geben wir der Sexualität durch Denken, durch Vorstellungen, durch Bilder, durch Sinneswahrnehmungen, durch Erinnerungen Fortdauer. Wir halten die Erinnerung aufrecht, indem wir daran denken, und das alles gibt der Sexualität Fortbestand und hat eine Überwertung des Sinnenhaften zur Folge.

Nicht, daß die Sinne *nicht* wichtig sind; sie sind es. Aber wir geben der Sinnenlust eine Stetigkeit, die in unserem Leben überwältigende Bedeutung annimmt. Worauf es ankommt, ist aber nicht die Freiheit vom Wünschen, sondern das Verständnis des ganzen Wunschgefüges und wie das Denken ihm Fortdauer gibt — das ist alles. Dann *ist* der Geist frei, und Sie brauchen nicht die Freiheit vom Wünschen zu suchen. Wenn Sie diese Freiheit suchen, werden Sie augenblicklich in Konflikte verwickelt. Jedesmal, wenn Sie ein Auto, eine Frau, ein Haus oder etwas anderes sehen, das Sie anzieht, tritt der Gedanke hinzu und gibt dem Wunsch Fortdauer, und dann wird alles zu einem endlosen Problem.

Wichtig ist nur, ein Leben ohne Anstrengung zu führen, ohne ein einziges Problem. Und Sie können ohne Probleme leben, wenn Sie das Wesen der Anstrengung verstehen und die ganze Struktur des Wunsches sehr klar sehen. Die meisten von uns haben tausend Probleme; und um von ihnen frei zu sein, müssen wir die Fähigkeit haben, jedes Problem unmittelbar, da es aufsteigt, zu beenden.

Ich denke, daß wir darüber ausreichend diskutiert haben, und ich will das jetzt nicht weiter untersuchen.

Aber es ist für den Menschen absolut notwendig, überhaupt keine Probleme zu haben und ein Leben ohne Anstrengung zu führen. Solch ein Geist ist gewiß der einzig religiöse Geist, weil er das Leid und die Aufhebung des Leides verstanden hat; er ist ohne Furcht und ist daher selbst das Licht.

Weitere Titel aus dem Samsara Verlag

Das Tor zu Neuem Leben
Krishnamurti / DM 15,80 / 159 S. / ISBN 3-89256-058-7
Eine eindringliche Herausforderung für jeden, der um eine neue Einstellung zum Leben und zu den Mitmenschen ernsthaft bemüht ist. *Aus dem Inhalt:* Das ICH und die Gesellschaft - Der Tod gehört zum Leben - Grundlagen der Meditation - Der religiöse Mensch - Wer ist Krishnamurti?

Das Netz der Gedanken
Krishnamurti / DM 14,80 / 104 S. / ISBN 3-89256-059-5
Krishnamurti versucht nicht, den Leser zu einer bestimmten Denkrichtung zu überreden und ihn auch keinem noch so sanften Druck auszusetzen. Er versucht vielmehr gemeinsam über menschliche Probleme nachzudenken. *Aus dem Inhalt:* Menschliches Bewußtsein und seine Programmierung - Der Mensch ein Computer - Programmiertes Denken über die Zeit - Über Intelligenz, die Löschung des programmierten Musters - Über das Entstehen der Angst und ihr Ende - Über das Leid und den Tod - Über Religion - Was ist Meditation?

Leben ohne Illusionen
Krishnamurti / DM 14,80 / 109 S. / ISBN 3-89256-057-9
Krishnamurti befaßt sich in diesem Buch mit dem Gesamtproblem des menschlichen Daseins. Er lenkt die Aufmerksamkeit des Lesers auf Fragen der Meditation, der Liebe, des Mitleids, der Angst und auf die Schmerzen des Menschenlebens mit all seinem Leid, Terror und seiner Gewalt.

Die blaue Insel
Estelle Stead / DM 9,80 / 102 S. / ISBN 3-89256-071-4
In der Nacht vom 14. auf den 15. April 1912 stieß die Titanic mit einem mächtigen Eisberg zusammen. 1517 Menschen, unter ihnen der bekannte Schriftsteller, wurden in die Tiefe des eiskalten Nordatlantiks gerissen. Bereits in der auf die Katastrophe folgenden Nacht erhielt plötzlich seine in England lebende Tochter Estelle auf medialem Wege eine Botschaft ihres Vaters aus dem Jenseits, in der ihr von dem tragischen Ende seines Erdenlebens berichtetet. Über einen längeren Zeitraum berichtete er von seiner weiteren Entwicklung in einer anderen Dimension.

Das Sonnengebet
Rajah von Aundh / DM 12,80 / 80 S. / ISBN 3-89256-096-x
Ein einfaches System von Yoga-Übungen für Jedermann. Mit herausnehmbarer Falttafel, die die Übungen noch einmal verdeutlicht und die Praxis erheblich erleichtert.
Der große Wert dieser Körper- und Atemübungen liegt in ihrer Einfachheit und allgemeinen Wirkung. Sie beanspruchen nicht einen einzelnen Teil des Körpers, sie wirken auf jede Zelle und jede Sehne, verleihen dem Menschen Kraftgefühl und olympische Ruhe und führen ihn zu Harmonie mit sich selbst.

Die Befreiung des Riesen
Bondegger/Walther / DM 10,80 / 68 S. / ab 6 Jahre
Ein Märchen aus dem Zwergenreich, in dem sich die Wirklichkeit des Lebens spiegelt. Die belebenden Impulse dieses Märchens wecken in der Kinderseele auf psychodynamische Weise die schlummernden, positiven Kräfte.

Die Götter des Sirius
K.O. Schmidt / DM 14,80 / 96 S.
Der Autor erlebte Visionen höher entwickelten kosmischen Lebens von unvorstellbaren Formen und Machtfülle. Berichtet wird von geistigen Kontakten mit göttergleichen Wesen der Sirius-Welt, von ihrem Aussehen, ihrem Leben, ihrer Evolution, ihren einstigen Raumfahrten, ihrer Verbindung mit wesensverwandten Bewohnern anderer Sternreiche, ihrem Gedanken- und Erkenntnisaustausch über die Schranken von Raum und Zeit hinweg und vom inneren Aufbau des lebendigen Alls.

Einfacher leben - einfacher essen
Gabriele Kieninger / DM 9,80 / 112 S. / ISBN 3-89256-001-3
Die Autorin vermittelt in Kürze das Grundsätzliche der Vollwertkost. *Aus dem Inhalt:* Warum Sie sich richtig ernähren müssen - Die Situation der Nahrungs- und Ernährungsforschung - Grundlagen einer vollwertigen Ernährung - Das Prinzip der Vollwertkost - Die Massenkonsumartikel Zucker und Mehl - Das Vollkornbrot - Der Frischkornbrei - Frischkost - Eine Vielzahl köstlicher Rezepte für eine gesunde und schmackhafte Vollwertkost.

Der praktische Homöopath
Wilhelm Eichsteller / DM 32,80 / 286 S./ISBN 3-89256-011-0
Wilhelm Eichsteller hat es sich zur Aufgabe gemacht, die Anwendung der Homöopathie im Alltag ganz wesentlich zu erleichtern. Anhand der angeführten, einprägsamen und markanten Leitsymptome wird es ermöglicht, für all die auftretenden Erkrankungen und Beschwerden das passende Arzneimittel schnell und leicht zu finden. Dieser Ratgeber gehört in jede Hausapotheke, die eine sanfte Alternative sucht.

Der sanfte Weg
Gerhard Risch / DM 16,80 / 104 S. / ISBN 3-89256-010-2
Der Autor gibt einen für jedermann verständlichen Einblick in die Heilmethoden mittels Homöopathie. Das Buch weicht insofern von der üblichen Fachliteratur ab, daß auf streng wissenschaftliche Ausdrucksweise verzichtet wird. Vielmehr bringt Gerhard Risch in leicht und lockerer Form diese umfassende Thematik näher.

Homöopathie ist (k)eine Kunst
Gerhard Risch / DM 16,80 / 144 S. / ISBN 3-89256-012-9
Der Untertitel "Kurzlehrgang der Homöopathie" sagt das Wesentliche über den Inhalt dieses Buches aus. Der Heilpraktiker vermittelt dem Leser in kompakter Form einen umfassenden Überblick. Eine Anleitung, wie man *echte* oder *klassische* Homöopathie ausüben kann und wie man mit den dazu notwendigen Hilfsmitteln umgeht.

Die Mücken
Gg. Otto Fetze / DM 24,00 / 196 S. / ISBN 3-89256-105-2
Ein Jugendbuch, in dem in heiterer Weise der Übergang zum "Tausendjährigen Reich", die Auflösung der Jugendverbände und Sportvereine, sowie die Vereinnahmung der Jugend von damals durch die Machthaber des 3. Reiches, geschildert wird. Der Autor hat es trefflich verstanden, ein sehr ernstes Thema in einem unterhaltsamen, heiteren Stil zu schildern. Er hat damit die Art seiner Schilderungen, für die er früher schon einen Jugendbuchpreis erhielt, noch übertroffen. Ein Buch, das sich lohnt zu lesen. Ab 8 bis 80 Jahre und älter.

Samsara
Verlag und Vertriebs GmbH - D 8958 Füssen